미래를 창조하는

제임스 J. 셈라덱 · 마이클 P. 버틀러 지음 | 형선호 옮김

중앙경제평론사

이 책에 실린 인생의 일곱 가지 원칙들은 성공적인 창업가가 되는 법뿐 아니라 개인적 삶까지 건강하게 균형 잡는 법을 보여줌으로써 당신에게 다음과 같은 도움을 준다.

- 자기 점검을 통해 당신의 강점과 꿈을 찾게 해준다.
- 위험이 낮고 부가가치가 높은 사업을 선택하도록 도와준다.
- 당신이 삶에 대한 비전을 갖도록 해준다.
- 보수적인 삶을 살면서 시간과 돈을 올바르게 사용하도록 도와준다.
- 일과 가족을 조화롭게 균형 잡도록 도와준다.
- 당신의 가치관과 윤리관을 사업에 적용하는 법을 알려준다.
- 당신의 성공을 정기적으로 측정하도록 도와준다.

당신의 삶에 이 원칙들을 적용하면 직업적인 삶과 개인적인 삶 간에 균형이 잡힌 충만한 삶을 영위할 수 있을 것이다.

당신이 원하는 삶을 살아라

나는 고등학교 때부터 내 사업체를 가진 사업가를 꿈꾸었다. 이 꿈은 10세 무렵 아버지와의 대화에서 비롯되었다. 그때 아버지는 나에게 자라서 뭐가 되고 싶은지 물었고 나는 이렇게 대답했다. "아빠가 하시는 일을 하고 싶어요." 그러자 아버지가 말했다.

"얘야, 그래서는 안 된다. 자기 사업체를 가져야만 독립적인 사람이 될 수 있단다. 다른 사람이 가장 좋다고 생각하는 대로가 아닌 네가 가장 좋다고 생각하는 대로 하거라."

나는 지금까지도 아버지의 그 충고를 잊은 적이 없다. 그날의 대화가 내 삶의 방향을 결정지었던 셈이다.

그렇지만 나는 내가 어떤 사업에 헌신해야 할지 알아

내는 데 평생을 보냈다. 그리고 많은 시행착오를 경험했다. 직장인으로 일하면서 성탄절 나무를 팔았을 때가 생각난다. 결과는 끔찍했다. 저축한 돈을 모두 잃었기 때문이다. 그 실패는 다시 언급하기 싫을 만큼 고통스러운 경험이었지만 나는 거기서 많은 것을 배웠다.

언젠가는 또 〈월스트리트저널〉에 광고를 내 인수할 사업을 물색했다. 많은 사업체에서 연락이 왔지만, 하나같이 실패할 위험을 가지고 있어서 나는 어느 사업도 인수하지 않았다. 대신 훨씬 더 나중에 팔려고 내놓지는 않았지만 살 수는 있는 사업들을 찾아냈다. 다행히도 그렇게 인수한 두 사업은 그런 대로 성공을 거두었다.

그런데 이런 방식이 갖는 문제점이 있다. 첫째는 인수하는 사업에 지나치게 많은 돈을 지불할 수가 있다는 점이고, 둘째는 인수하는 사업의 테마가 자신에게 꼭 맞지 않을 수도 있다는 점이다. 다시 말해 이미 누군가의 실수들로 가득 친 사업체라서 자신이 원하는 방향으로 바꾸기가 쉽지 않음을 의미한다. 실제로 이것은 처음부터 자신의 생각과 방식으로 사업을 시작하는 것과 많이 다르다.

이와 같은 여행에서 나는 늘 누군가 내 어깨를 두드리

며 "힘내!" 하고 말하는 상상을 했다. "너는 분명 이상적인 일자리를 찾거나 모든 상황이 완벽한 사업을 하게 될거야" 라고 말해주는 상상을 말이다. 그런데 결과는? 실제 결과는 그렇지 않았다.

언젠가 업무에 대한 실적 점검을 받았을때, 상사는 내게 이렇게 얘기했다. "자네에게 가장 이상적인 일자리와 환경이 무엇인지 생각해보게. 자기 자신이 모른다면 누가 알겠는가?" 이것도 내 삶의 방향을 결정짓는 중요한 말이었다.

그런 경험을 한 후 나는 스스로 다음과 같은 질문들을 하기 시작했다.

- 내 강점은 무엇인가?
- 나는 어떤 역할을 맡아 일하고 싶어하는가?
- 나에게 가장 중요한 가치는 무엇인가?
- 나는 사업의 어떤 특성들을 찾아야만 하는가?(그동안은 성장은 빠르지만 수익은 대단치 않은 사업, 반대로 규모는 아주 작지만 수익은 무척 높은 사업을 모두 경험했다)
- 나는 어디서 살고 싶은가?
- 내가 원하는 이상적인 직업 환경은 무엇인가?

■ 내가 생각하는 '이상적인 삶'은 무엇인가?

이 질문들에 대한 답은 단순히 '그저 그렇게 사는 것' 이상의 많은 것을 요구했다.

나는 이 질문들에 대한 답을 온전히 이해한 후에 내 강점들을 반영하는 사업을 시작했다. 그 사업은 성공적인 사업을 가능하게 하는 요소와 매력적인 장소 등의 특성을 가지고 있었다. 와우! 정말로 환상적인 꿈이 실현된 것이다.

나중에는 마이클 버틀러도 동업자가 되었다. 그가 참여한 나의 사업은 경제적, 직업적으로 커다란 성공을 이루었다. 하지만 이상적으로 보이는 상황에서도 단점은 있었다. 집에 들어가는 횟수가 줄었다는 점인데, 일주일에 5일을 출장 다녔고, 나머지 이틀도 사업 구상에 할애했기 때문이다. 그 결과 나는 아름다운 남부 플로리다의 섬에서 살았지만, 그곳에 살았던 3년 동안 좋아하는 낚시를 한 번도 하지 못했다.

마이클 역시 원하는 곳에 살면서 재택근무를 했지만 아이들의 어린 시절을 함께 하지 못했다. 쉽게 말해 우리에게는 장미 향기를 맡을 시간이 전혀 없었다. 가족은 우리에게 너무도 중요했지만, 우리는 그들과 많은 시간을 보내지 못했다. 가족과 많은 시간을 보내면서 동시에 중요한 다른 것들을 성취하기란 결코 쉽지 않았다.

그럼에도 우리는 이 책에서 직업적인 삶과 개인적인 삶을 균형 잡는 것이 가능함을 보여주고자 한다.

비록 우리는 시행착오를 통해 배웠지만 그 과정들은 우리에게 개인적으로나 직업적으로 큰 도움이 되었다. 균형 잡힌 충만한 삶은 개인적 삶과 직업적 삶을 조화시킬 때 비로소 가능하다는 사실을 발견했기 때문이다.

우리는 그런 식으로 사업을 하는 것이 가능하다고 믿는다. 그것은 일반적인 사업일 수도 있고, 흔히 말하는 대로 회사 안의 '내부창업'일 수도 있다. 당신의 꿈을 실현하고 열정을 추구하는 가장 좋은 길은 당신의 능력, 가치, 관심 그리고 당신이 삶에서 원하는 의미와 맞는 사업을 일구거나 그런 곳에서 일하는 것이다.

이 책에서 우리는 사업과 삶의 문제들을 일곱 가지 강력한 원칙들로 정리해 독특한 관점을 제시한다. 우리의 초점은 단순하게 창업가로서 성공적인 사업을 하도록 만들거나 '내부창업가'로서 성공적인 회사 생활을 하게 하는 데만 있지 않다. 우리의 궁극적인 목적은 성공적인 삶을 만드는 데 있다.

이 책은 결국 성공적인 삶을 위한 지침서로서 우리가 배우는 데 평생 걸렸던 것을 독자 여러분은 몇 시간만에 배우기 바라면서 썼다.

당신은 꿈을 실현하고 삶을 균형 잡을 자신의 길을 발견했는가? 우리가 소개하는 인생의 일곱 가지 원칙은 우리의 평생 경험을 통해 개발된 것이다. 따라서 이것들은 우리의 실수와 성공을 모두 반영한다. 당신은 둘 모두에서 배우되, 우리가 저지른 실수를 피해 정말로 열정적이고 생산적이고 충만한 삶을 살기 바란다.

가장 중요한 첫 번째 원칙은 '자신을 알라' 이다. 자신의 꿈, 열정, 목표, 가치, 강점 그리고 약점을 아는 것이야말로 삶의 토대이다. 자신이 정말로 무엇에 신바람을 느끼는지 알아야 한다. 그럼에도 95%의 사람들은 자신을 제대로 알지 못한다. 자신을 제대로 알지 못하면서 어떻게 삶의 방향을 정하고 진정한 만족과 행복의 원천을 알아낼 수 있겠는가? 일견 단순해보이는 이것은 당신의 삶에서 토대가 되는 요소로, 당신에게 성공뿐 아니라 행복과 기쁨, 만족을 가져다준다.

잠시만 생각해보면, 물질적으로는 성공했어도 별로

행복하지 않은 사람 서넛쯤을 쉽게 나열할 수 있을 것이다. 그들이 행복하지 못한 것은 자신을 이해하지 못했기 때문인데, 실제로 그들은 자신의 우선순위를 순서대로 나열하지도 못한다. 우리의 첫 번째 원칙은, 당신이 그런 일반적인 함정에 빠지지 않도록 도와준다.

일단 자신을 제대로 알면, 당신은 '자신에게 맞을 뿐 아니라 창업의 위험은 적으면서 성공 가능성은 높은 특성을 가진 사업'을 선택할 수 있다(이것이 두 번째 원칙이다). 이와 같은 성공 요인들은 너무나도 간단하지만, 경험을 통해 그것들을 배우는 과정은 그렇게 쉽지 않다.

우리는 그동안 개발한 네 단계의 과정을 보여줌으로써, 당신이 자신에게 맞는 사업을 찾아내도록 도와줄 것이다. 그런 후에 우리는 당신의 성공을 높여주는 세 가지 특징을 조명할 것이다. 당신은 이 세 가지 특징을 사업에 적용하기 위한 전략들을 개발하면서, 그것들이 얼마나 강력한지 알게 될 것이다.

만일 당신의 선택이 '내부창업'이라면, 당신은 자신에게 맞을 뿐 아니라 '내부창업'의 핵심 특성들을 갖고 있는 회사를 선택하거나 기존에 소속된 조직에서 그런 일을 만들 수 있다. 일단 자신을 알게 되면, 당신은 위험이 낮은 부가가치 사업이나 '내부창업' 회사를 발견할 수 있다. 그러면 당신은 자신의 감정과 열정에 맞게 새로운 삶을 설계할 수 있다. 이렇게 함으로써 당신은 일을 기쁨으로 바꿀 수 있을 뿐 아니라, 원하는 삶을 영위하는 데 필요한 수입도 올릴 수 있다.

나는 거의 반평생을 나 자신을 이해하고 내가 열정적으로 할 수 있는 사업을 찾는 데 보냈다. 그러나 이 책을 읽는 당신은 처음 두 원칙을 실행함으로써 평생의 시간을 절약하면서도 나와 같은 성과를 얻을 수 있을 것이다. 또한 나머지 다섯 가지 원칙을 통해 성공의 잠재적 함정들을 피할 수 있고 정말로 새로운 삶을 시작할 수 있을 것이다.

일단 자신을 알고 자신이 할 사업을 알면 그때는 새로운 노력들을 통해 앞으로 나아갈 수 있다. 이 중요한 변화를 시작하기 전에, 당신은 '비전을 설정하고 리더십으로 그 비전을 지원하는 데 헌신해야 한다'(이것이 세 번째 원칙이다). 자신을 아는 것이 삶의 토대라면, 당신이 설정하는 비전은 삶의 중심축이다. 바로 이 부분에서 당신이 선택한 사업은 당신이 원하는 삶, 즉 당신이 성취하려는 꿈, 당신이 삶에서 바라는 목적과 만나게 된다.

따라서 당신이 설정하는 비전은 단순히 당신의 사업만을 위한 비전이 아니다. 그것은 당신의 사업과 삶을 조화롭게 균형 잡기 위한 비전이다. 사업과 개인적인 삶을 조화시킬 때 비로소 당신의 꿈과 당신이 원하는 삶을 달성할 수 있다.

원칙 3에서는 당신의 중심적인 비전을 어떻게 설정해야 하는지를 설명한다. 일단 비전을 설정한 후에, 당신이 해야 할 일은 행동과 결합된 리더십으로 비전을 지원하는 것이다. 잊지 말아야 할 사실은 당신의 비전이 때로 심각한 도전에 직면할 것이라는 점이다. 우리가 여러 해 동안 어려운 시절을 겪었듯이 말이다. 강력한 리더십이 있어야만 그런 시절을 헤쳐나갈 수 있다. 우리는 당신에게 그와 관련된 우리의 경험을 알려줄 것이다. 아울러 우리가 배운 교훈들을 보여주면서 함정들을 어떻게 피하는지 알려줄 것이다. 우리는 또 처음에 우리가 개발한 비전과 보다 최근 개발한 비전도 알려줄 것이다.

비전은 역동적이다. 다시 말해 비전은 삶의 상황이 변함에 따라 변한다. 우리는 이렇게 역동적인 비전을 개발하는 방법을 안내하고 그것을 지원할 리더십의 필요성을 설명할 것이다.

비전을 개발하고 당신에게 맞는 사업을 만든 후에, 당신은 노동의 과실을 맛보기 시작하면서 사업이 번창할 때도 '당신의 사업이 지원할 수 있는 실제적이고 보수적인 삶'을 유지해야 한다(이것이 네 번째 원칙이다). 대부분의 사람들은 상황이 좋아지면 삶과 사업의 질을 자꾸만 높이면서 으레 더 많이 지출하곤 한다. 그러나 당신은 삶과 사업에서 분수를 지켜야 한다. 수입이 늘어날 때도 그래야 한다. 그러면 스트레스가 상당히 줄어드는 동시에 금전적인 걱정은 적어지고, 남들과 공유할 여분의 자원까지 생긴다.

이것은 지키기 힘든 원칙일 수도 있다. 하지만 계속해서 궁극적인 목표에 시선을 맞추려 노력하다 보면 놀라운 축복을 받게 된다. 때로는 금전적으로 보수적인 길에서 벗어나고 싶은 유혹이 아주 클 수도 있다. 우리는 빚을 지지 않고 경제적으로 안정을 유지할 수 있는 소중한 지혜를 당신에게 알려줄 것이다. 이를 통해 당신은 가장 중요한 것에 시간과 돈을 집중할 수 있다.

당신은 우리가 그랬듯이 '사업과 삶을 조화시킴으로써' 가족 및 친구들과 시간을 보내고, 자신의 꿈을 추구하고, 삶에서 바라는 더 높은 목적을 달성하는 일이 가능함을 발견할 것이다(이것이 다섯 번째 원칙이다).

우리는 창업이 삶과 생활의 멋진 기회를 제공하는 동시에 다른 사람들을 돕고 자신의 열정도 추구하는 길임을 알게 되었다. 직접 사업을 하는 것이 당신에게 맞지 않다면, '내부창업'의 일곱 원칙이 적용되는 기업에서 '내부창업가'로 일하는 것도 비슷하게 멋진 기회를 제공한다. 당신이 어떤 길을 선택하든지 우리의 일곱 가지 원칙은 당신이 삶에서 그런 기회를 활용하는 데 도움이 될 것이다.

또 우리는 세상이 전달하는 메시지들 때문에 당신이 자신의 길에서 쉽게 벗어날 수 있으며, 때로는 당신이 균형 잡으려는 삶의 다양한 측면들 때문에 그렇게 된다는 것을 안다. 중요한 것은 '당신의 가치를 고수하는' 것이다(이것이 여섯 번째 원칙이다). 우리 모두 알고 있듯이 삶과 사업은 가만히 있지 않는다. 당신은 '자신이 달성한 균형을 끊임없이 점검하면서 그것을 유지하고 개선하는 데 필요한 대응을 지속적으로 해야 한다'(이것이 일곱 번째 원칙이다).

우리는 종종 성공의 한 측면(보통 금전적인 측면)만을 측정하고 싶어한다. 하지만 정말로 행복하려면 은행 계좌, 직원 수 혹은 사업의 성장 속도 이상의 것들에 초점을 맞추어야 한다. 그런 점에서 우리는 삶의 균형을 평가하는 데 큰 도움이 된 일련의 기준들을 제시한다. 이 기준들을 사용한다면 이제 당신도 자신만의 성공 기준을 개발할 수 있을 것이다.

마지막으로 우리 모두는 잠시 시간을 내 과거를 돌이켜보는 사색을 할 필요가 있다. 시간을 내서 일상적인 경험을 사색하다 보면 거기서 깨우친 교훈들을 성공적인 미래를 계획하면서 적용할 수 있기 때문이다. 나아가 사색을 통해 성장할 수 있는 길을 찾기도 한다.

성공을 위해서는 사색 못지않게 지혜를 구하고 귀담아듣는 일이 필요하며, 적절한 대응을 하면서 바라는 목적지에 도달해야 한다.

이 책과 이 책에 실린 인생의 일곱 가지 원칙은 당신이 지금 있는 곳에서 앞으로 있고 싶어하는 곳으로 이동하기 위한 첫걸음이다. 우리와 다른 사람들에게 큰 도움이 되었던 만큼, 당신에게도 분명 큰 도움이 될 것이라 믿는다.

제임스 J. 셈라덱

차례
Contents

1부 미래를 어떻게 맞이할 것인가

2부 미래 창조를 위한 인생의 7가지 원칙

미래를 어떻게 맞이할 것인가

The Future

다양한 배경을 갖고 있는 다양한 사람들이
자신의 삶을 위한 새 길이 무엇인지 알고 싶어한다.
그들은 또 그것을 알 필요가 있다.
이전의 세대들이 밟았던
과거의 길은 더 이상 해답이 아니다.

우리 모두는 우리가 하는 것을 재발명할 필요가 있다.
시대의 변화에 따르지 않는 사람들은 일부 강력한 트렌드들을 거스르면서
경쟁력을 얻는다.

- 존 내스빗

당신의 미래는 어떠한가?

요즘 경제환경은 계속 변화되고 있다. 경제환경의 변화는 듣기에 따라 다소 불안한 애기일 수도 있겠지만 사실은 우리에게 놀라운 기회들을 제공한다. 사업적 변화를 야기하는 새로운 트렌드야말로 각자가 원하는 미래를 만들 수 있는 좋은 기회들을 제공하기 때문이다.

이런 트렌드들을 이해하면 이 책에 제시된 '인생의 일곱 가지 원칙'을 실행하는 데 큰 도움을 받는다. 특히 다양한 창업 및 '내부창업'의 기회들을 고려할 때 큰 도움을 얻을 수 있다('내부창업'은 창업적인 분위기의 회사에서 일하는 것을 말한다). 그렇지 않다 해도 미래의 성장을 예고하는 새로운 흐름들에 동참하는 것이 사양길에 접어든 사업이나 서비스에 자신을 연결시키는 것보다 더 낫지 않을까? 요컨대 이런 트렌드들을 알면 당신은 자신의 욕구에 가장 잘 맞는 방식으로 사업 기회들을 포착하고 활용할 수 있으며, 당신의 고객들에게도 아주 효과적으로 봉사할 수 있다.

새로운 경제환경의 다섯 가지 트렌드

1 외주(outsourcing)와 통합(consolidation)형태의 업무방식이 확산된다. 조직들이 핵심 역량에 집중하고 서로 경쟁하려는 노력 속에서 이런 추세가 나타난다.

2 앞으로는 대기업이 아닌 소규모의 신생기업들에서 많은 일자리가 창출된다.

3 서비스 경제는 계속해서 확대된다. 그 결과 특정한 과업을 완수하는 데 필요한 숙련가 내지 전문가의 고용이 늘어날 것이다.

4 점점 더 많은 사람들이 운명을 스스로 통제해야만 자신들이 원하는 삶을 살 수 있다고 느낀다. 그러나 현실의 고용시장에서는 원하는 것을 제대로 실현할 수가 없다.

5 신기술은 계속해서 빠르게 발전한다. 그 결과 다국적 기업으로서 전 세계의 기업들과 경쟁할 수 있는 창업가의 능력이 확대될 것이며, 그들은 원하는 곳에서 자신이 원하는 삶을 살 수 있게 된다.

이와 같은 다섯 가지 트렌드는 이미 진행되고 있다. 하지만 이제는 그것들이 한데 합쳐져 일단의 사람들, 즉 아주 성공적인 창업가 내지 '내부창업가'가 되어 자기만의 독특한 사업 및 생활을 균형적으로 추구하려는 사람들을 등장시키고 있다.

이제는 다양한 배경을 가진 사람들이 균형적이고, 생산적인 삶을 살기 위해 새 길을 모색하고 있다. 당신도 현재 직장에 다니든 사업을 하든 간에 보다 균형적인 삶을 살 필요가 있다. 만일 당신이 막 학교를 졸업한 사람이라면, 부모 세대가 경험한 문제들의 일부를 피하게 해주는 그런 기회를 찾을 필요가 있다.

당신은 어떤 상황 속에 있든지 간에 도전적이고 금전적으로도 충분히 보상을 받는 경력의 기회를 원할 것이다. 그렇다면 당신은 스스로에게 이렇게 물어야 한다. "내 모든 욕구를 충족하고 내 꿈을 달성하면서 더 높은 목적, 더 가치 있는 삶을 사는 균형적인 삶의 방식은 무엇인가? 그리고 나는 어떻게 그와 같은 삶을 살 수 있는가?" 균형적인 삶을 살려면 이 책에 소개되고 있는 인생의 일곱 가지 원칙을 통해 사업과 개인적인 삶을 하나로 통합할 수 있어야 한다. 미래의 삶은 이와 같은 삶이 되어야 하고, 당신은 다섯 가지 강력한 트렌드를 최대한 활용해야 한다.

트렌드 1

외주(outsourcing)와 통합(consolidation)의 확산. 이런 흐름은 조직들이 핵심 역량에 집중하고 서로 경쟁하려는 노력 속에서 나타난다.

과거 사람들은 큰 조직들이 최상의 일자리 기회를 제공한다고 믿었다. 그래서 그런 곳에 일단 고용되면 평생의 일자리를 얻었다고 느꼈다. 그러나 세상은 변하고 있다. 대규모 기업 인수·합병, 원가 절감, 조직 재편 그리고 지구적인 경쟁이 일어나고 있다. 이와 같은 변화 속에서 사람들은 과거의 규칙이 변했음을 알게 되었다. 조직 축소와 핵심 역량의 강조는 일자리 감소와 일자리 불안, 신규 채용의 감소, 조기 은퇴를 초래하고 있다. 신기술이 주도하는 서비스 지향의 새로운 경제환경이 확산되면서, 기업들은 몇몇 핵심 기능을 뺀 다른 모든 기능들을 외부의 서비스 제공자들에게 의뢰하고 있다. 그 결과 우수한 팀들이 특정한 과업을 위해 쉽게 구성되고 해체되며, 팀원들은 일단 목표를 달성하면 다시 자신들의 길을 간다.

미국 기업들의 정리해고는 1989년에 10만 명에 불과하던 것이 1993년에는 거의 6배에 해당하는 62만 명으로 늘어났다. 그뿐만 아니다. 기업 인수와 합병이 계속되고 구조조정의 열풍이 불면서 1990년대에는 정리해고가 일상적인 일이 되었다. 그 결과 수많은 직원들과 중간관리자 등 조기 은퇴자들이 회사를 그만두고 창업의 대열에 합류했다.

● 트렌드 2

앞으로는 대기업이 아닌 작은 규모의 신생기업들에서 많은 일자리가 창출된다.

최근의 미정부 보고서에 의하면, 미국에서 매년 창출되

는 새로운 일자리들의 70%는 중소기업에서 창출되고 있다. 그런데도 많은 이들은 최상의 일자리가 대기업에 있다고 믿고 있다. 예전에 사람들이 생각하던 행복과 일자리 안정의 확실한 길은 고등학교를 졸업한 후 대기업에 취직하거나, 대학에 진학해 졸업한 후 역시 대기업에 취직하는 것이었다. 어느 경우이든 사람들의 목표는 대기업에 취직해 평생 동안 그곳에서 일하는 것이었다.

우리는 그동안 컨설팅 사업을 하면서 캐터필라, 콘애그라, 킴벌리-클라크, 그밖에 많은 대기업들과 함께 일했었다. 일반적으로 우리가 함께 일한 팀들은 높은 수준의 훈련을 받은 4~10명의 개인들로 구성되어 있었다. 팀원들의 평균적인 직장 경력은 10~15년 정도였고, 몇

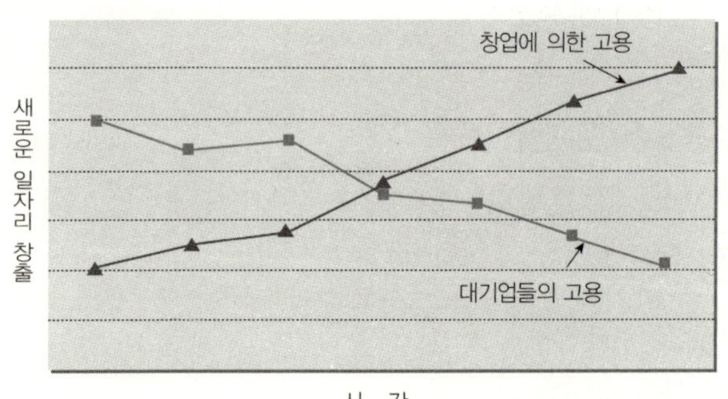

몇 팀원들의 경우에는 25년을 넘기도 했다. 이것은 기업에 대한 직원의 충성심을 잘 보여주고 있다.

하지만 이런 식의 충성심은 점점 더 드문 것이 되고 있다. 많은 대기업의 직원들이 자신의 꿈을 성취하기 위해 10년이나 15년을 기다릴 수는 없다고 생각한다. 예를 들어 어떤 대기업의 직원은 5년 동안 회사에서 일한 후 남들보다 먼저 빠르게 승진할 수 있었다. 하지만 이 사람은 창업의 열정이 너무 강해서 그런 좋은 자리를 뿌리치고 아내와 함께 개인 회사를 차렸다. 엄청난 사업 기회와 자신의 꿈을 놓칠 수가 없어 즉시 행동을 취했던 것이다. 비단 이 사람뿐 아니라, 점점 더 많은 사람들이 그와 같은 창업 기회에 도전하고 있다.

그렇다고 대기업들이 점점 사라질 것이라거나, 그곳에서 일하면서 충만한 삶을 사는 사람들이 없다는 말은 아니다. 그렇지만 대기업들에서 일어나는 변화와 개인들의 인식에서 일어나는 변화 그리고 관련 통계들을 살펴보면 작은 사업을 통한 창업의 기회들이 미래의 물결임을 알 수 있다.

서비스 경제는 계속해서 확대될 것이다. 그 결과 특정한 과업을
완수하는 데 필요한 숙련가 내지 전문가의 고용이 늘어날 것이
고, 창업의 가능성은 한층 더 커질 것이다.

지난 50년 동안 미국 경제에서 서비스 부문의 중요성
은 계속해서 극대화되었다.

서비스 부문의 고용만 보더라도 1950년에 미국의 전
체 비농업 고용에서 겨우 10% 가량을 차지했던 것이
2000년에 와서는 거의 3배가 되어 전체 고용에서 30%
이상을 차지한다. 그리고 지금도 해마다 계속해서 늘고
있으므로 조만간 전체 1억 3,000개의 일자리 중에서
4,000만 개를 차지할 것이다.

대체적으로 볼 때, 서비스 부문의 팽창은 기업 자체의
큰 변화와 주요 신기술의 변화, 이를테면 1990년대에
폭발적으로 성장한 인터넷 기술 등의 결과였다. 그리고
바로 이와 같은 현상이 창업의 극적인 성장을 불러왔다.

서비스 사업의 요체는 고객 봉사이며, 이 부분에서는
작은 기업이 큰 기업보다 더 나은 경우가 많기 때문이
다. 뿐만 아니라 서비스 사업은 제조업, 소매업, 그밖에

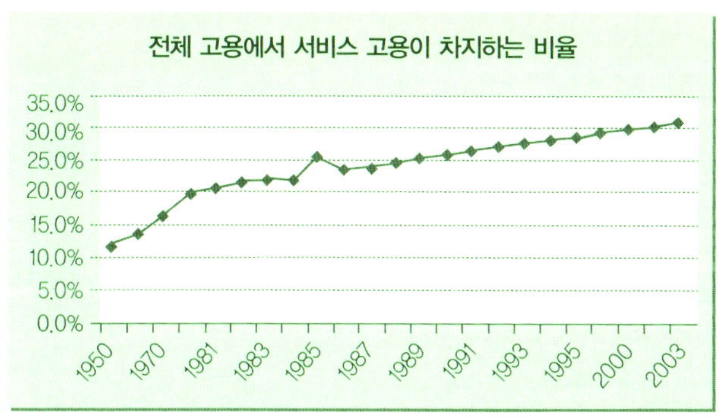

다른 자본집약적 사업보다 진입 비용, 그러니까 초기 자본금이 더 적다.

마지막으로 1990년대에 급속히 성장한 신기술은 서비스 부문의 팽창과 함께 아주 작은 기업조차도 완전히 전문적인 형태로 전 세계의 주요 기업들과 경쟁하도록 만들고 있다.

● 트렌드 4

점점 더 많은 사람들이 스스로 운명을 통제해야만 자신들이 원하는 삶을 살 수 있다고 느낀다. 그러나 현실의 고용시장에서는 원하는 것을 제대로 실현할 수가 없다.

사람들은 이제 새로운 경제환경 속에서 자신들이 어디에 있어야 하는지 알아내려 기를 쓰고 있다. 그들은 끊임없이 일과 가족, 공동체와 자아, 개인적인 가치들과 세속적인 가치들 사이에서 균형을 유지하려 애쓰고 있다. 하지만 삶의 모든 측면에 투자할 시간이 있다고 느끼는 사람들은 별로 없다. 그리고 자신이 누구인지, 자신의 꿈은 무엇인지 혹은 어떻게 그것들을 달성할 수 있는지 아는 사람들은 더욱 없다. 그렇지만 사람들은 점점 더 운명을 스스로 통제해야만 자신들이 원하는 삶을 살 수 있다고 느낀다.

창업에 대한 관심은 모든 조직에서 높아지고 있다. 최근 어떤 모임에서 만난 미국 기업의 고위직 중역은 우리에게 이렇게 말했다. 30년간 다니던 직장을 그만두고 작은 인쇄사업을 시작할 것이라고, 그렇게 해서 자신이 오너가 되어 꿈을 실현할 것이라고 말이다. 그 중역은 또 자신의 아내가 최근에 여성복 가게를 열었다고도 얘기했다.

우리의 대화는 즉시 창업의 열정, 성공, 함정들에 집중되었다. 자신의 창업 경험에서 어떤 교훈들을 배웠는지 물었을 때 그 중역은 이렇게 대답했다. "첫째, 열정이 있어야만 한다. 그렇지 않으면 창업가로서 성공할 수 없다."
그리고 이렇게도 얘기했다. "반드시 좋은 사업계획이 있
어야 하고, 시작하기 전에 약간의 자금이 있어야 한다."

다양한 배경의 사람들이 다양한 이유로 창업을 하고
있지만, 그들 모두가 바라는 것은 하나같이 자신들이 원
하는 일과 삶을 만들려는 것이다. 그들은 직장에서 퇴출
되었거나 스스로 정리해고의 시대 흐름을 보고 직장을
떠난 중간관리자들, 컨설팅 회사에서 일주일에 70시간
씩 일해야 하는 MBA나 그밖의 다른 졸업생들, 첨단기
술의 세상에서 일과 가족을 통합해 좀더 여유롭고 균형
된 삶을 살고자 하는 신세대 젊은이들, 그리고 수입을
보완해야 하거나 아니면 사업적인 도전 속에서 다시 왕
성하게 살고 싶어하는 은퇴자 등이다.

미국 대학생들을 대상으로 한 2000년의 설문조사 결
과를 보자. 창업을 원하는 비율이 72%로, 10년 전의
52%보다 높아졌는데, 이와 같은 추세는 앞으로 더 확대
될 것으로 추정된다.

창업단체인 '젊은 창업가 조직'의 회원 수도 1990년
30명에서 1995년 849명, 1998년 2,000명으로 늘어났
고, 신생 창업기업도 1990년에 대략 11만 개에서 1994

년에는 대략 19만 개로 늘어났다.

미국 언론과 정부도 창업에 점증하는 관심을 보여주고 있다. 1990년 전문서비스 업체에 의해 조사된 작은 사업 내지 창업회사의 수는 722개에 불과했지만, 이런 수치는 그 후 4,800개로 급증했다. 연방정부는 1996년에 '소규모사업규제시행법'을 만들었고, 1999년에 이르러 이 법에 의한 연방정부의 자금 지원은 무려 100억 달러로 늘어났다. 이는 행복하고 충만한 삶의 진정한 길이 창업이라는 개인들의 자기 인식이 점증하고 있음을 보여준다.

1999년 말 〈비즈니스 위크 프론티어〉는 이런 기사를 실었다. "21세기가 시작되면서 창업의 열기는 미국인들의 마음을 사로잡았다." 이 잡지는 또 이와 같은 창업의 열기가 단지 돈에만 관련된 것은 아니라고 다음과 같이 지적했다. "근래의 창업 열기는 미국 문화의 바탕에 깔려 있는 정신을 반영한다."

〈패스트 트랙〉지가 MIT 슬로운 경영대학원의 어떤 MBA 학생과 한 인터뷰에는 다음과 같은 얘기가 있었다. "돈은 여기서 핵심적인 문제가 아니다. 매일 아침 일을 시작하면서 오늘은 얼마나 많은 돈을 벌 것인지 생각하지는 않기 때문이다. 중요한 것은 내가 하는 일에서 어떤 좋은 결과가 나올지 생각하는 것이고, 그렇게 함으로써 보상을 받는다면 더욱 좋을 것이다." 이와 같은 태도는 이 책의 일곱 가지 원칙과 결합될 때 성공적인 사업을 만들어낸다. 왜 그럴까? 왜냐하면 당신의 일부가 아닌 '전체'를 사용해 사업과 삶을 발전시키기 때문이다. 시간이 거듭될 수록 점점 더 많은 사람이 자신이 원하는 삶을 살면서 꿈을 달성하는 길은 창업임을 깨닫고 있다.

● 트렌드 5

신기술은 계속해서 빠르게 발전한다. 그 결과 다국적기업으로서 전 세계의 기업들과 경쟁할 수 있는 창업가들의 능력이 확대될 것이며, 그들은 원하는 곳에서 자신이 원하는 삶을 살 수 있게 된다.

계속되는 신기술의 발전은 세 가지 변화를 초래한다. 첫째, 개인들이 창업의 꿈을 실현할 수 있다. 둘째, 창업가들이 사업에 필요한 일을 더 잘 할 수 있다. 셋째, 엄청나게 다양한 새 서비스들이 출현해 창업의 새로운 기회를 확대시킨다.

우선 계속해서 발전하는 신기술은(핸드폰, 이메일, 노트
북 컴퓨터, 무선으로 작동하는 온갖 PDA, 이팩스) 언제 어디
서든 싼 비용으로 통신을 가능하게 하여 개인들이 창업
의 꿈을 실현하도록 해준다.

예를 들어 컨설턴트의 경우라면 자신의 집에 사무실
을 낼 수 있다. 외출할 때는 사무실 전화를 핸드폰으로
연결해 음성우편, 두 회선, 회의 통화, 자동호출 기능을
사용하면 되므로 전일제 비서, 값비싼 사무실 그리고 많
은 간접비가 없어도 된다. 그 결과 이 사람은 낮은 비용
의 생산성 높은 컨설턴트로서 자신의 전문성을 마음껏
발휘할 수 있다. 의뢰인에게 저렴한 비용에 부가가치가
높은 서비스를 제공할 수 있고, 그로써 자신의 꿈을 훨
씬 넘는 높은 매출과 수익성을 올리게 되는 것이다.

인터넷은 기업 간 광고 경쟁에 어느 정도 형평성을 부
여하기도 한다. 다시 말해 기업들은 이제 더 이상 전통
적인 매체에 수백만 달러의 광고비를 지출하지 않아도
된다. 웹사이트로 많은 비용을 들이지 않고도 어떤 대기
업 못지않게 사업적인 이미지를 만들 수 있기 때문이다.
전에는 대기업들만 얻을 수 있었던 정보를 이제는 누구
라도 인터넷에서 얻을 수 있다. 공급자와 고객 간의 의

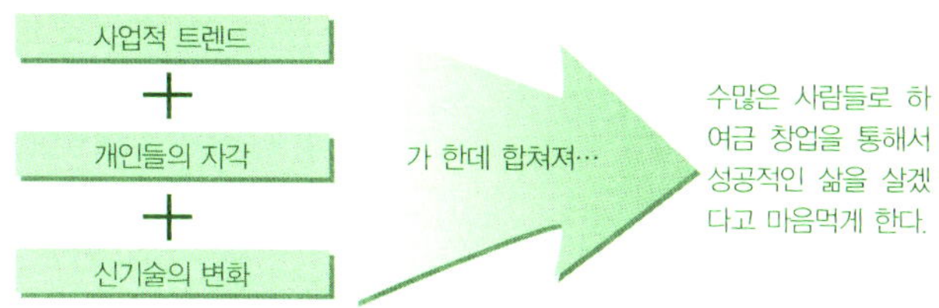

사소통도 이메일을 통해 즉시 가능해졌다.

다음으로 신기술은 크고 작은 기업들이 지속적으로 생산성과 품질을 높이도록 해준다. 기술력의 발달로 기존 인력을 줄이거나 추가 인원을 뽑지 않아도 품질의 향상을 꾀할 수 있기 때문이다. 마지막으로 인터넷을 비롯한 신기술의 빠른 변화 속도는 창업가들이 제공할 수 있는 새로운 서비스의 종류를 엄청나게 늘리고 있다.

당신은 창업을 통해서 자신의 꿈을 실현할 수 있는 기회와 도전을 만날 수 있다. 그리고 당신의 사업과 개인적인 삶을 균형 잡을 수 있다.

세상은 이제 불과 몇 년 전과도 다르다. 큰 회사에서 평생 동안 일한다는 개념은 낡은 것으로서 더 이상 기준이 아니다. 현재 진행 중인 몇몇 트렌드들은 사람들로 하여금 진정한 자신, 즉 자신의 재능과 기술, 가치와 열정에 바탕해 균형적이고, 생산적이고, 충만한 삶을 살고 싶다고 마음먹게 한다.

외주와 통합, 작은 회사들의 일자리 창출, 서비스 경제의 지속적인 성장, 신기술의 발전과 변화 그리고 점증하는 개인들의 자각 같은 주요 트렌드들이 새로운 경제환경을 이끌고 있다. 우리는 새로운 접근법으로 지금의 욕구를 해결해야 한다. 그 해결책은 창업이나 '내부창업'을 통해 사업의 실제적인 현실들과 당신의 개인적인 소망, 관심, 욕구들을 통합하고 균형 잡는 것이다.

기억하라! 진정한 자신이 되는 것은 좋은 일이다.

당신이 생각하기에 되어야 하는 사람이 되려 하지 말라.

그보다는 정말로 자신에게 맞는 사람이 되어라.

주께서 말씀하시기를, 나는 너희를 위한 내 계획들을 아나니, 그것은 너희에게 미래와 희망을 주는 것이니라.

– 예레미아 29장 11절

열정으로 살아라

우리 모두가 살아가면서 씨름하는 문제는 바로 이것이다. 즉 '내 모든 욕구를 충족하면서 꿈을 성취하는 균형적 삶은 무엇인가? 그리고 나는 어떻게 그런 삶을 살 수 있는가?' 다른 식으로 얘기하면, '나는 어떻게 하면 균형적이고, 생산적이고, 성취적이고, 충만한 삶을 살 수 있는가?'

여기 인생의 일곱 가지 원칙들의 궁극적인 목표는 당신이 그런 질문의 답을 얻도록 돕는 것이다. 우리는 이번 장에서 그 일곱 가지 원칙들을 개괄적으로 살펴보고, 다음 2부에서는 각각의 원칙들을 하나씩 더 깊게 논의할 것이다.

아마도 당신은 자신이 하는 일들을 좋아하지 않거나

가족과 함께 하고, 교회에 출석하고, 운동하고 그 외에 자신이 정말로 좋아하는 것을 할 수 있는 시간이 충분치 않다고 불평하는 사람들을 알고 있을 것이다. 어쩌면 당신은 거울 속에서 당신의 균형적인 삶을 걱정하는 자신의 모습을 볼 것이다. 하지만 당신만 그런 것은 아니다. 우리 모두가 삶에서 균형을 찾기 원한다. 꿈을 추구하면서 일상적인 현실적 욕구들을 충족하려고 애를 쓰는 것이다. 그와 동시에 정말로 의미 있는 삶을 살기 위해 끊임없이 더 높은 목적을 추구한다.

다양한 이유들로 온갖 연령의 사람들과 온갖 배경의 사람들은 삶의 새로운 길을 찾아내야 한다고 생각한다. 그런 가운데 새로운 경제환경의 흐름들은 삶의 전통적인 길들을 낡은 것으로 만들어버렸다. 한 직장에서 평생 동안 일하는 것이 규칙이 아닌 예외가 된 것이다.

당신이 큰 회사에서 일하고 있다면 다음과 같은 점을 알 수 있다. 즉 회사는 계속해서 더 적은 비용으로 더 많은 것을 하려 하고, 당신은 더 많은 시간을 일하면서 더 많은 업무와 책임을 완수해야 한다. 당신의 상사는 점점 더 커지는 압력 속에서 점점 더 많은 것을 요구한다. 뿐만 아니라, 당신은 자신이 옳다고 생각하는 방식이 아니라 회사가 원하는 방식대로 일해야만 한다. 그런 상황 속에서 당신은 매년 더 빠르게, 힘들게 일해야 한다.

행복하고 충만한 삶의 열쇠는 '당신에게 맞는 답을 찾아내는 것', 즉 당신의 미래를 창조하는 것이다. 많은 경우에 그 답에는 창업이 포함된다. 하지만 당신에게 맞는 답이 무엇인지는 자신이 알아내야 한다. 어쩌면 올바른 특성을 갖고 있는 회사에서 '내부창업가'로 일하는 것이 더 나을 수도 있다. 당신은 자신에게 더 맞는 것이 창업가인지 아니면 '내부창업가'인지 알게 될 것이다. 어떤 길을 선택하든지 당신은 자신이 원하는 균형적 삶을 달성하는 데 도움이 되는 기회를 만들어낼 수 있다.

창업이나 '내부창업'으로 당신의 미래를 창조하는 것은 도전의 길이다. 그것은 당신이 되고자 하는 사람이 되고 당신이 하고자 하는 일을 하기 위한 가장 큰 기회의 길이다. 예를 들어 우리는 이 책의 원고를 집필하면서 우리가 좋아하며 있고 싶은 그런 곳에 있다. 나는(제임스 셈라덱) 플로리다 남해안의 환상적인 섬 근처에 있는 내 사무실에 앉아 있고, 내 동료는(마이클 버틀러) 미시건에 있는 꿈의 집에서 일하며 아주 많은 시간을 가족과 보내고 있다. 우리가 만들어낸 환경은 우리의 독특한 욕구, 관심, 꿈에 잘 맞고 그것들을 충족시킨다. 당연히 당신의 꿈은 우리의 꿈과 다를 것이다. 그렇지만 당신도 꿈을 성취하려면 가능한 한 구체적으로 그것을 규정한 후에 현실로 만들어야 한다. 우리는 그렇게 했고, 당신도 그렇게 할 수 있다.

창업이나 '내부창업'은 당신에게 많은 것을 요구한다. 그래야만 사업의 실제적인 현실들과 당신의 개인적인 가치, 소망, 관심을 성공적으로 통합하면서 경제적인 욕구도 충족할 수 있다. 그것은 쉽지 않은 일이지만, 그렇게 해서 기회를 현실로 바꾸는 것만큼 충만한 일도 없을 것이다.

그동안 많은 책들이 창업·사업에서의 성공, 리더십, 개인적인 행복의 비결, 그밖에 여러 관련 주제들을 다루었다. 하지만 이 책은 개인적인 행복의 비결이 삶의 모든 측면들을 하나의 아름다운 옷감으로 짜내 균형적으로 사는 것임을 강력히 인식하고 있다. 우리는 각자의 전체를 인식하는 독특한 관점에서 글을 쓰며, 인생의 일곱 가지 소중한 원칙들을 어떻게 적용하면 당신이 원하는 삶을 살 수 있는지를 알려줄 것이다.

사업과 삶을 통합하는 모델

우리는 사업과 개인적 삶의 문제들을 너무도 소중한 인생의 일곱 가지 원칙으로 통합해 하나의 모델로 만들었다. 당신은 이 일곱 가지 원칙을 활용함으로써 당신이 바라는 균형적 삶과 당신의 꿈을 달성할 수 있다. 당신의 삶을 바꿀 일곱 가지 원칙은 다음과 같다.

1 **자신을 알라** – 자신의 강점, 약점, 꿈, 그리고 열정을 파악하라.

2 **위험이 낮고 부가가치가 높은 사업을 선택하라** – 그리고 우수성으로 그것을 실행하라.

3 **비전을 가져라** – 그리고 리더십으로써 그것을 지원하라.

4 **보수적인 삶을 살고 시간과 돈을 좋은 곳에 써라** – 돈을 벌겠다는 욕망에 눈이 멀지 말라.

5 **일과 가족을 통합하라** – 그것은 개별적인 것이 아닌 하나의 삶이다.

6 **당신의 가치를 고수하라** – 그것과 함께 살고 당신이 하는 모든 일에 그것을 통합하라.

7 당신의 성공을 측정하라 – 차이를 만드는 성공 요인
들을 활용하라.

이 원칙들은 세 분야로 나뉘어져 있다. 1) 당신은 누
구인가? 2) 당신은 어떤 사업을 하는가? 3) 당신은 어떻
게 사는가?

당신의 사업

'당신에게 맞는' 사업을 선택하는 첫 번째 단계는 자
신을 완전하게 아는 것이다. 자신의 꿈, 열정, 목표, 가
치, 강점, 약점들을 아는 것은 모든 것의 바탕이다. 당신

사업과 삶의 통합적 모델

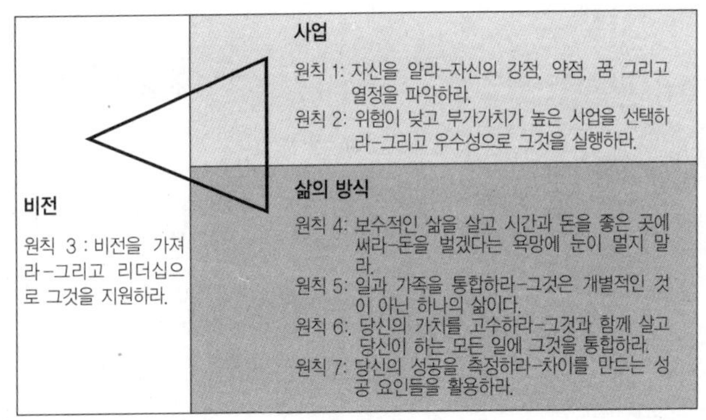

은 무엇이 자신을 열정적으로 만드는지 알아내야 한다. 그러면 당신은 자신에게 맞을 뿐 아니라 사업의 위험을 줄일 성공 요인을 갖고 있는 창업 및 '내부창업'의 기회를 더 잘 찾아낼 수 있다.

당신의 비전

그 모든 사업과 삶의 균형은 당신의 비전에 달려 있다. 진정한 자신을 바탕으로 선택한 사업은 당신이 원하는 삶, 당신이 성취하려는 꿈 그리고 당신이 삶에서 바라는 목적과 맞아야만 한다. 일단 이 중심적 비전을 확립한 후에는 강력한 리더십으로 나아가야 한다.

당신이 사는 방식

일단 당신의 비전을 확립하고 진정한 자신을 바탕으로 사업을 선택했다면, 이제는 노력의 과실을 맛보기 시작하면서 당신이 세심하게 계획한 사업이(그다지 좋지 않을 때도) 지원할 수 있는 실제적이고 보수적인 삶의 방식을 유지하라. 사업과 삶을 통합하여 꿈을 추구하면서 가족 및 친구들과 함께 하고, 당신이 삶에서 바라는 더 높은 목적을 개발하는 데 시간을 보내는 것이다. 물론 삶과 사업은 정적인 것이 아니므로 당신은 끊임없이 그런 균형을 확인하면서 필요한 적응을 하고 그것을 유지 및 개선해야 한다.

자신을 알라 – 자신의 강점, 약점, 꿈 그리고 열정을 파악하라.

올바른 자기 평가는 균형적인 삶을 달성하는 데 기본 토대가 된다. 당신은 자신이 누구인지, 자신의 욕구는 무엇인지 그리고 자신의 욕구와 능력에 맞는 사업과 생활방식을 개발하고 자신의 꿈을 성취하려면 어디로 가야 하는지 알아야만 한다.

당신은 사업을 시작하고 운영하는 실제적 현실들과 통합되는 삶의 방식을 개발하기 위해 무엇을 알아야 하는가? 자신의 재능, 열정, 강점, 약점, 능력, 관심 그리고 꿈을 알아야 한다. 또 자신의 경제적, 육체적, 정신적, 사회적, 영적인 욕구들도 알아야 한다.

당신은 자신을 앎으로써 어디로 가야 하는지 결정할 수 있다. 일단 자신을 아는 데 필요한 분석을 끝내면, 당신은 자신이 누구이고 무엇에 흥미를 느끼는지 더 잘 알게 된다. 그리고 자신이 삶에서 원하는 방향을 이해하기 시작한다.

위험이 낮고 부가가치가 높은 사업을 선택하라 – 그리고 우수성으로 그것을 실행하라.

당신에게 가장 잘 맞는 사업 기회를 규명하는 것은 엄청나게 힘든 일로 보일 수도 있다. 하지만 당신은 다섯 가지 간단한 개념들을 염두에 둠으로써 개인적 삶을 보장받고 금전적으로도 만족스러운, 그러면서 상당한 경제적 실패의 위험을 줄이는 사업 기회를 찾아낼 수 있다. 그 다섯 가지 간단한 개념은 다음과 같다.

- 자신이 누구인지 기억하라. 자신의 꿈이 무엇인지 앎으로써, 당신은 그런 꿈을 실현하기 위해 무엇이 필요한지 이해하기 시작한다.
- 당신을 행복하게 하고, 위험을 최소화하고, 고객에게 높은 가치를 제공하고, 발전의 가능성이 있고, 미래의 트렌드들을 활용하는 사업을 찾아내라.

- ■ 금전적인 면에서 보수적이 되고 사업을 일으킨 후에 가정을 돌보라.
- ■ 구체적인 시간표로 현실적이고 보수적인 사업계획을 짜라.
- ■ 열정으로 뛰어들고, 우수성으로 서비스를 제공하고, 고객들의 욕구를 초과만족시키는 데 집중하라.

먼저 사업을 일으킨 후에 가정을 돌보는 것이 올바른 순서이다. 그러면 사업을 하면서 지원할 수 있는 삶의 방식을 개발할 수 있다. 가정을 돌본 후에 사업을 일으키는 것은 훨씬 더 힘들고 재앙을 초래할 수 있다. 이 두 번째 원칙을 지키는 것은 끔찍한 실패를 피하는 열쇠이다.

원칙 3

비전을 가져라 – 그리고 리더십으로 그것을 지원하라.

비전을 갖는 것은 당신을 안내하는 원칙들을 세우는 것이다. 그럴 때 당신은 앞으로 하게 될 사업과 당신의 개인적인 재능 및 기술을 통합해 일과 가족, 원하는 소득, 개인적 가치 그리고 사업적 초점을 균형 잡을 수 있다.

비전을 가지려면 먼저 당신 자신과 당신이 하려는 사업을 객관적으로 평가해야 한다. 사업을 성공적으로 시작하고 운영하는 데 필요한 모든 요소들 – 마케팅, 관리 및 자금 능력, 창의력, 기술력, 고객 등 – 이 부족하다면 당신을 보완하는 파트너를 구해야 한다. 그런 후에 파트너와 함께 비전을 개발해야 한다. 그렇게 개발한 비전은 모두가 동의할 수 있는 것이어야 한다. 처음부터 이렇게 탄탄한 토대를 만들면 성공을 보장할 수 있다.

마음속으로 비전을 그린 후에 단어들로 세부사항을 규정한다. 그와 같은 그림을 제시하면, 당신이나 당신의 회사를 몰랐던 사람도 당신 회사의 중심적인 초점, 당신과 파트너에게 중요한 가치와 목표 그리고 그런 가치들과 목표들의 관련성을 금방 파악할 수 있다.

일단 비전을 만든 후에는 리더십으로 그것을 지원해야 한다. '리더십은 다음에 무엇을 해야 할지 알고 그것을 하기 위한 전략과 계획을 개발하는 것이다.' 리더십 원칙들을 실천해야 당신의 사업을 성공적으로 운영할 수 있다.

"비전이 없을 때 사람들은 쓰러진다" 는 말을 명심해

라. 리더십과 결합된 비전이 있을 때 당신은 어디로 가
야 하고 어떻게 갈 수 있는지 알 수 있다.

보수적인 삶을 살고 시간과 돈을 좋은 곳에 써라 - 돈을 벌겠다
는 욕망에 눈이 멀지 말라.

오늘날의 세상에서 물질적인 욕망에 눈이 머는 것은
쉽다. 우리는 끊임없이 새 차, 더 큰 집, 멋진 텔레비전
과 오디오 등의 광고들에 폭격을 당하고 있다. 하지만
이 모든 것들을 다 사려면 더 많은 돈을 벌거나 빚을 질
수밖에 없다. 계속해서 더 많은 돈을 벌려고 기를 쓰다
가 정작 중요한 것이 무엇인지 잊거나 빚의 바다에서 헤
엄치며 점점 더 좌절과 고통 속에 빠지는 것이다. 그 보
다 훨씬 더 좋은 길은(비록 약간 더 힘들기는 해도) 당신의
욕망을 통제하고 보수적으로 사는 것이다.

늘 당신의 목표를 명심하라. 당신의 사업은 그 자체가
목적이 아니라 삶에서 바라는 다른 것들을 성취하기 위
한 수단이다. 우리는 당신에게 시간과 돈을 어떻게 사용
해야만 당신이 삶에서 원하는 가치와 의미를 달성할 수

있는지 보여줄 것이다. 생의 여행을 끝낼 때 당신은 한 푼의 돈도 갖고 갈 수 없으며, 이 생에서 당신에게 주어진 시간은 제한되어 있다. 따라서 그렇게 소중한 시간을 돈을 버는 데만 써서는 안 된다. 설사 당신이 경제적인 성공을 이룬다 해도 돈은 당신의 모든 욕구를 충족하지 못한다.

마지막으로 흔히 말하듯이 초기 3년 동안 돈을 잃을 각오로 사업을 시작해서는 안 된다. 처음부터 돈을 버는 사업계획을 짜라. 이 원칙을 지키면 엄청난 돈을 절약할 수 있다. 사업을 시작하기 전에 적절한 현금을 보유하고 개인적인 부채를 제한하라. 사업을 시작하기 위해 막대한 빚을 져서는 안 된다.

부채율 0%에서 시작하라. 사업의 초창기 예산을 수립하고 필요한 매출을 달성하기 위한 시간표를 작성하라. 당신의 개인적인 현금 보유는 이 시기를 무난히 넘길 수 있어야 한다. 계획한 시간대에 필요한 매출 목표를 달성하지 못했다면, 당신의 사업을 재평가해야 한다. 다시 말해, 무엇이 잘못되었는지 점검하라. 돈을 잃는 사업을 유지하기 위해 빚을 져서는 안 된다. 그럴 경우 결국 빚더미에 앉게 되고, 이것은 당신의 궁극적인 목표가 아니다. 부채율 제로야말로 진정한 독립의 열쇠다.

원칙 4는 일반상식과 (단순한 물질적 재산이 아닌) 삶의 가장 중요한 측면들을 결합한 것이다. 이 원칙을 지키면 금전적인 스트레스를 줄여 더욱 충만하고 의미 있는 삶을 살 수 있다.

일과 가족을 통합하라 – 그것은 개별적인 것이 아닌 하나의 삶이다.

사업가에게 일과 가족의 조화는 달성이 너무 힘든 목표일 수도 있다. 하지만 일과 가족이 너무 통합되어서 일이 가족의 삶이 되는 것도 건강한 상황은 아니다. 늘 당신이 추구하는 균형을 염두에 두어야 하고, 사업이 중요한 것이기는 해도 가장 중요한 것은 아님을 이해해야 한다.

그러면 당신은 어떻게 해야 하는가?

■ 매주 가족을 위한 시간을 마련하고 당신에게 가족이 최우선순위라는 것을 그들이 알게 하라.

- 사업의 우수성을 추구하는 데 너무 몰두해 그것이 가족의 삶에 부정적인 영향을 끼치지 않게 하라.
- 가족을 사업에 참여시킬 때 발생할 수 있는 위험을 인식하라. 그 중 하나는 전체 가족이 사업의 일부가 되어 매순간 오직 사업만을 얘기하면서 가족의 다른 삶은 잊는 것이다. 이런 함정은 반드시 피해야만 한다.
- 장미 향기를 맡을 시간을 마련하라. 목표 달성에 너무 몰두해 여정을 즐기지 못한다면, 당신이 달성한 것은 의미가 없게 된다. 사업 외에 더 많은 것을 하기 위한 시간이 나도록 사업을 구성하라. 당신은 삶을 통제하고 있으며 바로 자신이 당신이 원하는 균형적 삶을 규정하는 사람임을 기억하라.

일과 가족을 통합하고 당신의 시간에 대한 가족들의 요구를 균형 잡는 것은 서로 상충하는 목표들인 것처럼 보일 수도 있다. 하지만 그것들은 서로를 살찌우는 것이다. 즉 가족 생활이 순조롭고 성공적일 때 사업도 번창하며, 사업이 성공적일 때 가족의 삶도 더 행복해진다. 가족을 희생시키는 성공은 실패다. 반면 일과 가족

을 통합하면 당신은 기쁘고, 평화롭고, 충만한 삶을 살
수 있다.

당신의 가치를 고수하라 - 그것과 함께 살고 당신이 하는 모든
일에 그것을 통합하라.

당신의 개인적 가치를 반영하는 사업을 하면 진정한
자신으로 살 수 있고 많은 잠재적 갈등을 피할 수 있다.
당신의 개인적 가치들은 사업적인 성공과 개인적인 행
복이라는 너무도 중요한 의사결정 과정에서도 안내자
역할을 할 것이다.

당신의 개인적 가치와 그것이 당신의 사업에서 차지
하는 중요성 및 수행하는 역할을 규정하라. 당신의 가치
를 사업에 통합하려면 다음과 같이 하라.

- 당신의 가치가 모든 의사결정에서 궁극적인 안내자
  가 되게 하라.
- 당신의 가치를 공유하는 사람들을 고용하라.
- 당신의 가치를 반영하는 구체적 사업 행동과 반응들

을 결정하라.

그렇게 하면 당신의 사업은 더 높은 목적을 갖게 되고 더 역동적이며 의미 있는 사업이 될 것이다. 당신과 당신의 가치 그리고 당신에게 소중한 것에 충실하는 것은 만족스럽고 풍요로운 사업과 삶의 균형에 필수적인 일부이다.

● 원칙 7

당신의 성공을 측정하라 – 차이를 만드는 성공 요인들을 활용하라.

당신이 바라는 삶과 사업의 균형을 달성하고 유지하는 것은 한 번에 끝나는 여행이 아니다. 당신이 그것을 얼마나 잘 달성하고 있는지 끊임없이 평가하라. 이때 성공의 어느 한 측면에만 초점을 맞춰서는 안 된다. 우리는 물질만능적인 오늘날의 세상에서 종종 금전적인 측면에만 초점을 맞추곤 한다. 경제적인 성공의 측정도 중요하지만, 그것만이 당신의 삶에서 평가되는 유일한 측면은 아니다. 아무리 경제적으로 성공해도 당신이 장미 향기를 맡을 어유, 즉 당신의 꿈을 추구하고, 탄탄한 가

족관계를 구축하고, 남들을 도울 수 있는 시간을 낼 수
없다면 그것은 진정한 성공이라 할 수 없다.

진정한 성공

　인생의 일곱 가지 원칙을 적용해 주택건축사업을 시
작한 어떤 친구는 진정한 성공을 달성했다. 그가 짓는
집들은 그것을 사는 사람들에게 적절한 가격으로 높은
가치와 우수한 품질을 제공한다. 그는 사업이 빠르게 성
장하는 동안에도 여전히 침실 2개짜리 임대주택에 살면
서 아주 보수적인 삶을 살았다. 이 때문에 많은 현금을
보유한 그는 빚을 줄이거나 없앨 수 있었고, 하청업자들
에게 지급해야 할 돈을 적시에 지불해 늘 신임을 얻을
수 있었다. 또한 미래 전략적인 투자를 통해 사업의 장
기적인 안정을 꾀함으로써 우수한 명성을 얻을 수 있었
다. 그러는 중에도 그는 상당한 금액의 돈과 자신의 시
간을 유관 단체들에 기부했다. 한마디로 그는 자신의 가
치를 알았고 그것과 함께 살았다. 이 사람은 이제 백만
장자가 되어 매년 200채 이상의 집을 짓고 있다. 하지만

여기에서 중요한 부분은 그가 여전히 충만하고 열정적인 삶을 살고 있다는 점이다.

이 책의 일곱 가지 원칙은 정말로 효과가 있다. 그것들을 지키려면 초점, 인내심 그리고 지혜가 필요하지만 제대로 활용했을 때 그것이 가져다주는 혜택은 어마어마하다. 이 일곱 가지 원칙에서 하나 혹은 그 이상을 위반하면 어떻게 될까? 우리가 아는 어떤 식당의 여지배인은 아주 뛰어난 사람이었다. 고객들의 이름을 알고 있었고, 그들에게 아주 친절하고 상냥하게 대했다. 그 지배인의 존재는 분명히 많은 사람들이 그 식당에 갔던 이유들 가운데 하나였다.

얼마 후에 이 지배인은 자신의 식당을 개업했다. 한동안 그녀는 식당의 서비스나 품질보다 금전적인 수익성을 높이는 데만 전력을 기울였고, 그것이 결국 재앙을 가져왔다. 마침내 비참하게 실패했던 것이다. 하지만 정말로 슬펐던 것은 그녀가 그 과정에서 이혼했고 아이들과도 멀어졌다는 점이다. 그녀에게는 '삶'이 아니라 '그 사업'이 가장 중요했었다.

그녀는 우선 원칙 2를 위반했다. 즉 위험이 낮고 부가가치가 높은 사업을 선택하라 — 그리고 우수성으로 그것을 실행하라. 식당은 위험이 높고 부가가치가 낮은 사업이다. 그녀는 또 원칙 4를 위반했다. 즉 보수적인 삶을 살고 시간과 돈을 좋은 곳에 써라 – 돈을 벌겠다는 욕망에 눈이 멀지 말라. 사업을 하는 과정에서 돈은 그녀의 유일한 목표였다.

그녀는 또 원칙 5를 위반했다. 즉 일과 가족을 통합하라 – 그것은 개별적인 것이 아닌 하나의 삶이다. 그녀의 가족은 그녀의 사업에 통합되지 못했을 뿐 아니라 완전히 배제되었다. 그녀에게 있어 사업적인 욕구들은 가족의 욕구들보다 우선시되었다. 이어서 그녀는 원칙 6을 위반했다. 즉 당신의 가치를 고수하라 – 그것과 함께 살고 당신이 하는 모든 일에 그것을 통합하라. 이 경우에 그녀는 자신의 가치가 무엇인지 제대로 이해하지 못했다. 그녀에게 중요한 것은 수익적인 사업일 뿐이었다.

그리고 그녀는 원칙 7을 위반했다. 즉 당신의 성공을 측정하라 – 차이를 만드는 성공 요인들을 활용하라. 자신에게 있어 '성공' 이 무엇인지 규정하지 못한다면, 그것을 달성하는 것은 애초에 불가능하다. 이 경우에 그녀는 자신의 성공을 정기적으로 측정하지 못했다. 만일 그랬다면 그녀에게 닥친 개인 및 금전적 재앙은 피할 수 있었을 것이다.

성공적인 내부창업

얼마 전 우리 회사에서는 외부에서 전문적 서비스를 제공할 사람을 찾게 되었다. 서비스 제공자를 찾기 위해 주위 몇몇 사람들과 얘기하면서, 어떤 사람이 적당한지 물었다. 놀랍게도 그들 모두가 같은 사람을 거명했고, 우리는 마침내 그 사람과 그 회사를 고용하기로 결정했다. 알고 보니 그 회사는 관련 서비스를 제공하는 업계에서 가장 크고 가장 인정받는 회사였다. 우리는 그 사람과 연결된 후에, 우리가 원하는 해당 서비스에 대한 그의 깊은 지식에 감명받았다. 또 고객 서비스에 대한 그의 원칙에도 감명받았다.

그 사람의 이름은 존이었다. 우리는 존과 별도의 대화를 나눈 후 이렇게 말했다.

"존, 당신은 이 분야에서 아주 우수한 회사에서 일하고 있소. 하지만 당신의 지식과 능력이라면 직접 회사를 차려 같은 서비스를 제공할 수 있을 것 같은데요?" 존의 대답은 흥미로운 것이었다. "그렇게 묻다니 우습군요. 왜냐하면 나는 얼마 전에 바로 그렇게 할 생각이 있었기 때문이죠. 하지만 그렇게 하기 전에 나는 회사의 경영진 과 마주앉아 내 상황을 의논했죠. 그리고 이렇게 하기로 동의했어요."

- 내가 개별적인 일부 프로젝트를 진행하는 것은 가능 하다. 그것들이 기존의 업무에 방해만 안 된다면.
- 그렇게 진행하는 프로젝트를 통해 새 의뢰인이나 새 서비스를 우리와 갖게 된다면, 나는 거기에서 나온 수익을 회사와 공유할 것이고 계속해서 회사와 일할 것이다.

존은 계속해서 자신의 이야기를 들려주었다.

"그것은 나에게 전혀 새로운 세상을 열어주었죠. 첫 째, 나는 여전히 우수한 회사와 함께 일하면서 우수한 고객들과 계속 연결되고, 보다 활동범위가 큰 창업가적 환경에서 일할 수 있게 되었어요. 둘째, 나는 새 사무실 이나 장비를 위해 엄청난 초기 자본을 투자하거나 기존의 수입원을 잃지 않으면서도 내가 창출하는 새 수입원에서 나오는 혜택을 공유할 수 있었어요. 그 결과 나는 첫해 수입을 배로 늘릴 수 있었죠. 그리고 여러 해 동안 확립한 동료, 의뢰인, 그밖에 업계의 관련자들과 그 모든 직업적 연결관계를 계속해서 유지할 수 있었죠.”

우리와 존이 나눈 대화는 회사 안에서 사업을 하는 이른바 ‘내부창업’의 한 측면을 보여주고 있다. 이런 개념은 많은 산업에서 넓게 퍼지고 있는데 그 계기는 핵심 직원들을 계속 유지하면서 새로운 수입원을 창출해 수익성을 높이고 회사를 탄력적으로 발전시키려는 경영진의 욕망이다.

창업만이 인생의 일곱 가지 원칙을 당신의 삶에 적용시킬 수 있는 유일한 길이 아닐지도 모른다. 어쩌면 ‘내부창업’이 당신에게 더 맞는 길일지 모른다.

다음 장을 읽게 되면 어느 길이 당신에게 가장 좋은 길인지 알 수 있을 것이다.

창업이나 '내부창업'을 통해 당신이 바라는 미래를 창조하는 것은 진정한 자신, 당신이 바라는 것, 그리고 당신에게 중요한 것을 의미 있고 충만한 삶으로 통합하는, 그래서 균형적 삶을 창조하는 분명한 길이다. 당신은 진정한 자신에 바탕한 사업을 찾아내고 시작함으로써 당신이 삶에서 원하는 균형을 달성할 수 있다.

그대의 마음속에 식지 않는 열정과 성의를 가져라.
당신은 드디어 일생의 빛을 얻을 것이다.

2부

미래 창조를 위한 인생의 7가지 원칙

이 7가지 원칙은
당신이 성공적인 경력뿐 아니라
성공적인 삶도 창조할 수 있도록 도울 것이다

당신의 모든 정체성이 일에 뿌리를 두고 있는데
일이 당신을 배반하면, 그때 당신에게 남는 것은 무엇인가?
내 환자들의 말을 빌리자면 이렇다.
"나는 이제 내가 누구인지 알 수가 없다."

− 일린 필립슨, 카운셀러

자신을 알라

이상하게도 많은 사람들은 인생을 살면서 자신이 누구인지, 자신의 꿈과 삶에서 원하는 의미는 무엇인지 제대로 알지 못한다. 이와 같은 자기 성찰의 질문들에는 약간의 생각보다 더 많은 것이 필요하다. 정말로 자신이 원하는 행복과 성공을 달성하려면 먼저 자신을 알아야만 한다. 자신을 알지 못하면서 어떻게 자신이 가고자 하는 곳을 알 수 있겠는가? 그리고 가고자 하는 곳을 모르면서 어떻게 그곳에 가기 위한 계획을 세울 수 있겠는가? 당신은 결국 미로 속의 생쥐처럼 방향을 잡지 못한 채 당신이 원하는 의미 있는 삶을 살 수 없게 된다. 반면 자신을 알면 가고자 하는 곳이 어디인지 알 수 있고, 가는 것도 더 쉬워진다.

당신의 욕구, 당신의 꿈 그리고 당신의 가치에 맞는 당신만의 균형적인 삶을 살려면 먼저 자신을 알아야 한다. 당신은 자신이 어떤 사람인지 알아야 하고 당신의 재능, 능력, 강점, 약점, 욕구, 꿈, 열정, 가치 들을 알아야 한다. 자신을 제대로 아는 것은 균형적인 삶을 만드는 데 토대가 된다.

이번 장에서 우리는 당신이 자기 성찰, 자기 평가, 당신이 믿는 다른 사람들의 평가를 통해 자신을 알도록 자극한다.

우리는 당신이 스스로에게 다음과 같이 묻도록 권유한다.

- 나는 삶에서 어디에 초점을 맞춰야 하나?
- 나에게 맞는 ‘완벽한 삶’은 어떤 것인가?
- 금전적이고 비금전적인 내 욕구는 무엇인가?
- 내가 열정을 느끼는 것은 무엇인가?
- 내 삶의 균형에서 중요한 것은 무엇인가?
- 내가 만들고자 하는 미래는 무엇인가?

이런 질문들은 전체가 아닌 부분에 불과하다. 당신은

정말로 자신을 바르게 평가해 자신에 대한 포괄적인 그림을 얻어야 하고 그로써 당신이 가고자 하는 곳을 분명하게 알아야 한다.

- 나의 숙련성, 재능, 강점, 약점은?
- 나의 열정은?
- 나의 역할은?
- 나의 핵심적 관심은?
- 나는 사업가, 관리자, 기술자 중에서 어디에 속하는가?
- 나의 꿈은?
- 나의 금전적 욕구는?
- 그밖에 다른 나의 욕구들은?
- 과거에 내가 즐겼고 성공한 활동들은?
- 내가 생각하는 완벽한 삶은?

일단 이런 연습들을 완성하면, 당신은 새로 발견한 이 모든 지식을 한데 합쳐 자신의 특성을 알아내고 그것들을 소중한 통찰력으로 사용해 당신의 사업과 삶의 방식을 구축할 수 있다.

우리는 당신이 긍정적인 자세로 이런 연습을 하도록

권유한다. 이 연습의 목표는 자신을 이해해 꿈을 실현하고, 하고 있는 일을 신바람나게 바꾸고, 당신의 열정을 추구하는 것이다. 당신은 자신이 누구이고 무엇을 좋아하는지 이해할 때 당신의 일을 신나고, 생산적이고, 충만한 전체의 일부로 만들 수 있다.

균형적인 삶을 달성하기 위해서는 자신을 알고 다음과 같은 질문에 답해야 한다. "나는 삶에서 어디에 초점을 맞춰야 하나?"

당신이 누구이고, 당신의 욕구는 무엇이며, 당신이 가고자 하는 곳은 어디인지 이해하면, 당신의 능력을 보완하여 당신을 보다 완전한 인간으로 만드는 그런 종류의 사업과 삶은 점점 더 분명해진다.

자신에 대해 무엇을 알아야 사업을 시작하고 운영하는 실제적 현실들을 통합할 수 있는 사업모델을 개발할 수 있을까? 당신은 다음과 같은 것을 알아야 한다.

- 당신의 숙련성과 재능
- 당신의 강점과 약점
- 당신의 열정
- 당신의 핵심적인 관심

- 당신의 사업적인 능력

- 당신이 가장 편안하게 느끼는 역할……. 이를테면 리더, 방향 제시자(facilitator), 도우미 혹은 추종자 등

- 당신의 꿈

- 당신이 균형 잡고자 하는 삶의 분야……. 이를테면 일, 가족, 영적인 삶, 금전 혹은 인간관계 등

- 당신의 금전적 욕구

- 다른 핵심적 욕구(육체적, 정신적, 사회적 그리고 영적인 욕구)

- 당신의 바람과 소망

- 당신이 가고자 하는 곳

- 당신이 갖고 있는 삶과 사업의 비전

간단하게 말해서, 당신은 완벽한 삶을 어떻게 규정하는가? 어떤 조각들을 한데 합쳐야 당신이 있는 곳에서 당신이 규정하는 완벽한 삶으로 이동할 수 있는가?

1 **당신의 숙련성, 재능, 강점, 약점은 무엇인가?** 우선 먼저 당신의 숙련성, 재능, 강점, 약점들을 나열하라. 이를 위해서는 자기 성찰이 필요하다. 하지만 너무

깊이 혹은 너무 오래 생각해서는 안 된다. 당신의 마음에 문득 떠오르는 특성들이 가장 중요하다.

당신의 주요 숙련성, 재능, 강점, 약점을 규명하고, 그런 후 그것들을 중요성의 순서에 따라 나열하라. 우리가 정의하는 숙련성(skill)은 모든 종류의 예능, 학문, 기능 등에서 수월하게 혹은 능숙하게 수행하고 응용하는 지식, 훈련, 기술적 능력이다. 그리고 우리가 정의하는 재능(gift)은 천부적인 능력, 적성, 천재성이다.

이 도표를 완성한 후 친한 친구, 친척 혹은 동료 세 명에게 당신의 숙련성, 재능, 강점, 약점을 규명하고 중요도에 따라 나열하게 하라. 일단 이 평가도표를 완성하면 당신은 각각의 범주에서 자신의 핵심적인 특성이 무엇인지 알기 시작한다. 이 분석은

숙련성 (기술적인 능력/훈련)	재능(적성)	강점	약점
1.	1.	1.	1.
2.	2.	2.	2.
3.	3.	3.	3.
4.	4.	4.	4.
5.	5.	5.	5.

당신이 진정한 자신을 이해하도록 돕는다.

2 **당신의 열정은 무엇인가?** 열정은 당신이 극단적으로 강력한 감정을 갖고 있는 무언가이다. 열정은 당신에게 동기를 부여하고 영감을 준다. 당신의 열정을 나열하고 당신이 잘 아는 사람들로 하여금 당신의 열정을 지적하게 하라. 당신의 강력한 관심분야들을 알아보는 것은 당신의 열정을 규명하는 데 도움이 된다.

우리는 삶에서 열정을 느끼는 적어도 하나 혹은 여러 가지 것을 찾아낼 수 있다. 어떤 열정은 평생 동안 변하지 않을 것이고, 어떤 것은 변할 것이다. 예를 들어 나는(제임스 셈라텍) 늘 물에 대한 열정을 갖고 있다. 과거 나는 위스콘신의 제네바 호수 근처에서 살았고, 나와 가족들은 그곳에서 정기적으로 수상스키를 탔다. 지금 나는 남부 플로리다의 멕시코 만에서 아주 가까운 곳에 산다. 아름다운 호수들과 넓은 바다는 물과 야외활동에 대한 나의 열정을 충족시켜 나를 인간으로서 완성한다. 나는 또 목사들을 돕고 지원하는 데도 열정을 느낀다. 내 아들과 사위 그리고 몇몇 친한 친구들이 목사인데, 그들을 지원하고 그들에게 금전적인 도움을 주는 것은 나에게 아주 큰 기쁨과 만족을 제공한다.

당신의 열정을 추구하는 것은 확실히 당신이 삶을 충만하게 사는 데 도움이 된다. 당신의 시간, 재능, 돈 같은 자원을 어디에 집중시켜야 할지 이해하는 데도 큰 도움이 되기 때문이다.

'열정'이란 단어는 우리의 일과 삶에서 그렇게 자주 사용되지 않는다. 하지만 점점 더 많은 사람들은 단순하게 무언가를 '좋아하는' 것이 아니라 어떤 것에 '열정'을 느끼는 것의 중요성을 이해한다. 열정은 당신의 삶을 즐겁고 만족스럽게 바꾼다.

3 **당신에게 가장 자연스럽고 편안한 역할을 규명하라.** 당신은 리더, 도우미, 방향 제시자, 추종자 중에서 어디에 속하는가? 또 사업가, 관리자, 기술자 중에서 어디에 속하는가? 진정한 자신이 되는 것은 좋은 일이다. 당신이 생각하기에 되어야 하는 사람이 되려 하지 말라. 그보다는 정말로 자신에게 맞는 사람이 되어라.

당신에게 가장 적합한 역할은 다음에서 어느 것인가?

■ **리더** : 나는 앞에 나가 무리를 이끄는 데 흥미가 있다.

■ **도우미** : 나는 자신이 어디로 가고 있는지 알고 내 노력을 인정하는 리더에게 봉사하는 것을 좋아한다.

■ **2인자** : 나는 강력한 리더가 멋진 일을 하는 데 도움을 주고 싶어하며 리더의 부재시에는 기꺼이 그 사람의 역할을 떠맡는다.

■ **방향 제시자** : 나는 남들을 자극해 그들의 생각을 뽑아내고 그들에게 방향을 제시하는 것을 좋아한다.

■ **팀 멤버** : 나는 서로 다르지만 보완적인 능력을 갖고 있는 사람들의 그룹에서 일원이 되어 함께 목표를 달성하는 것을 좋아한다.

■ **추종자** : 나는 내가 하도록 지시받은 것과 적절하게 훈련받은 것을 잘 할 때 기분이 좋다.

다음에서 당신을 가장 잘 묘사하는 것은 무엇인가?

■ **사업가** : 나는 창의적인 사업과정과 미래에 대한

초점을 좋아한다.

■ **관리자** : 나는 남들과 함께 일하면서 현 상태를
유지하는 데 능숙하다.

■ **기술자** : 나는 현재의 문제들에 초점을 맞추며 해
야 할 일을 할 때 기분이 좋다.

사업가, 관리자, 기술자의 특성들을 이해함으로
써 당신은 자신에게 가장 잘 맞는 것이 무엇인지
금방 알 수 있다. 자신에게는 사업가적인 본능이
없다고 느끼지만 그래도 사업가적인 꿈을 추구하
고 싶을 때는 당신의 가치를 공유하는 사업가적 파
트너를 선택하라. 이와 같은 파트너 관계는 아주
강력하고 생산적인 결합이 될 수 있다. 각자의 숙
련성이 서로 보완관계에 있기 때문이다.

4 **당신의 핵심적인 관심은 어디에 있는가?** 연습은 그 폭
이 넓어야만 당신의 모든 주요 관심분야를 규명할
수 있다. 당신의 핵심적인 관심들에는 다양한 활동
과 주제분야들이 포함될 수 있다. 당신이 해야 할
일은 그 중에서 하나 혹은 그 이상을 취해 그것을
구체적인 사업 초점에 통합할 수 있을 만큼 충분히

파악한 후 리스트로 개발하는 것이다. 각각의 개인들에게 그런 범주들은 서로 다르겠지만, 당신은 둘 혹은 셋의 주요 관심범주들을 찾아야 한다.

예를 들어 우리 둘 모두는 제조업 분야에서 컨설팅을 하고 프로젝트 지향적인 일을 하는 데 관심이 있었다. 그래서 우리는 자연스럽게 제조업체들이 새로운 공장부지를 찾도록 돕는 컨설팅 사업을 하고 있다. 우리는 또 새로운 벤처, 즉 무언가를 창조하고 남을 돕는 것을 좋아한다. 이 책을 쓴 목적도 다른 사업가 내지 창업가들을 돕는 데에 우리의 경험들을 공유하기 위해서였다.

5 당신의 꿈은 무엇인가? 그것을 구체적으로 적어라. 당신은 고객들의 욕구를 충족시킴으로써 당신의 꿈을 달성하기 위해 사업을 한다. 당신은 달성하고자 하는 꿈이 무엇인지 정확하게 알아야 한다. 다음의 질문들에 답을 하면 당신의 꿈을 정확하게 아는 데 도움이 될 것이다.

■ 당신이 삶에서 갖고 있는 비전은 무엇인가?

■ 당신이 살고 싶어하는 곳은 어디인가?(우리에게는

이것이 너무도 중요하지만, 당신을 포함한 다른 사람들은 그 답이 "아무 데나"일 수도 있다)

■ 당신이 일하고 싶은 곳은 어디인가? 그리고 원하는 환경은 무엇인가?

■ 당신은 얼마나 많이 일하고 싶은가?

■ 당신은 얼마나 많은 출장을 갈 수 있는가?

■ 당신이 균형 잡고자 하는 삶의 분야들은 무엇인가? 일, 가족, 영적, 금전적, 인간관계 등

■ 당신은 궁극적으로 어떻게 되고 싶은가?

■ 당신의 꿈에서 가장 소중한 요소들은 무엇인가?

■ 당신이 생각하는 '완벽한 삶' 내지 '이상적인 직업'은 어떤 것인가?

6 당신의 금전적인 욕구는 어떠한가? 과거의 실제적인 지출을 바탕으로 구체적인 금전적 예산을 범주별로 확립하라. 예산을 짤 때만 당신의 실제적인 금전적 욕구가 어떠한지 이해할 수 있다. 그리고 매번 일어나는 상황의 변화에 맞게 예산을 다시 짤 필요가 있다.

일단 예산을 확립하면 예산과 관련된 지출을 계속

확인해 지출상태를 점검한다. 당신은 지출 패턴의 주요 변화를 즉시 알 수 있고, 그것들을 다시 설정할 수 있다. 삶의 상황이 변할 때마다 예산을 새로 짜라. 당신의 금전적 욕구를 아는 것은 아주 중요한 일이다.

현실성에 바탕을 둔 금전적 예산을 짜는 것이 중요하다. 얼마만큼의 소득이 있어야 편안하게, 하지만 보수적으로 살 수 있는지 알 수 있다. 지나친 소득을 사용해 당신의 생활을 높이지 말라. 대신 현실적인 예산을 수립해 미래를 계획하고 남들을 도와라. 이렇게 하면 최소한의 금전적인 욕구를 아는 데 도움이 된다.

7 그밖에 다른 주요 욕구들은 무엇인가? 당신은 균형적이고, 의미 있고, 충만한 삶을 사는 데 필요한 그밖에 다른(비금전적) 욕구들을 이해하고 다루어야 한다. 어떤 사람들은 육체적인 도전이 행복한 삶의 필수적인 요소다. 어떤 사람들은 중요한 인간관계를 유지하는 데 상당한 시간을 할애한다. 그리고 어떤 사람들은 영적인 활동을 위해 많은 시간을 사용한다. 당신에게 중요한 구체적 욕구들은

무엇인가?

8 **당신의 과거 활동을 점검하라.** 당신의 이미지를 보다 자세히 규명하고 당신이 누구인지 더 분명하게 알려면 과거의 경험들을 알아볼 필요가 있다. 먼저, 당신의 삶을 나이와 경험에 맞게 셋 혹은 넷으로 나누어라.

어떤 사람의 나이가 39세 이하라면, 구분을 이렇게 할 수도 있다.

- 어린 시절(1~12세)
- 10대 시절(13~18세)
- 대학 시절(18~24세)
- 직업적인 생활

어떤 사람의 나이가 40세 이상이라면, 구분을 이렇게 할 수도 있다.

- 고등학교까지
- 대학 시절

■ 사업의 처음 10년

■ 사업의 나중 10년

　일단 당신에게 가장 잘 맞는 구분을 확인한 후에는 각각의 시기에서 당신이 잘 했고 즐겁게 했던 경험, 활동, 프로젝트를 규명하라. 이런 활동들이 무엇이었는지 규명하고 그것들과 관련된 그 모든 '공통점'을 규명하라.

■ 그런 과업들을 수행할 때 당신이 한 역할은 무엇인가?

■ 그런 활동들을 당신은 왜 좋아했는가?

■ 그런 활동들을 당신이 잘 했던 이유는 무엇인가?

■ 당신이 활용한 재능, 숙련성 그리고 강점은 무엇인가?

■ 그런 활동들을 함께 한 사람들은 누구인가?

■ 당신은 어떤 역할을 맡았는가?

■ 그런 활동들을 수행한 곳은 어디인가?(실내, 야외)

■ 이 모든 활동들의 공통점은 무엇인가?

이런 활동들을 분석함으로써 당신은 자신에 대해 더 많은 것을 알 수 있고, 왜 어떤 활동들은 좋아하고 잘 했는지 그리고 왜 어떤 것들은 싫어하고 잘 못했는지 알 수 있다.

역사적인 평가

	활동 1	활동 2	활동 3	공통점
중학교까지				
고등학교				
대학교				
대학 이후				

당신이 본 자기 모습

당신이 자신에 대해 배운 그 모든 것을 요약하라.

- 나의 숙련성은?
- 나의 재능은?
- 나의 강점은?
- 나의 약점은?

- 나의 열정은?

- 내가 가장 편안하게 느끼는 역할은 리더, 도우미, 2인자, 방향 제시자, 팀 멤버, 추종자 중 어느 것인가?

- 나는 기본적으로 사업가, 관리자, 기술자 중에서 어디에 속하는가?

- 나의 관심들은 무엇인가?

- 나의 꿈은 무엇인가?

- 내가 삶에서 균형을 이루려는 것은 무엇인가?

- 나의 금전적인 욕구는?

- 나의 육체적인 욕구는?

- 나의 영적인 욕구는?

- 나의 사회적인 욕구는?

- 그밖에 다른 나의 욕구는?

- 그밖에 다른 중요한 것들은?

- 내가 예전에 잘 했고 좋아했던 것들은?

- 내가 추구하는 완벽한 삶은?

- 내가 바라는 이상적인 직업은?

어떤 사람들은 이런 자기 모습을 아주 쉽게 완성할 것이다. 그러나 어떤 사람들은 작성하지 못한 몇몇 공란을 발견할 것이다. 가까운 친구들이나 친척들에게 당신이 스스로 답하는 데 어려움을 느끼는 질문들을 물어라. 당신은 가까운 사람들에게 묻고 경청하기만 하면 그들에게서 자신에 대해 많은 것을 배울 수 있다.

당신의 자기 모습은 완벽한 것이 아닐 수도 있지만, 당신은 이미 먼 길을 왔다. 이제는 당신의 삶이 좀더 분명해지기 시작할 것이다. 이런 자기 모습은 솔직하고 객관적이어야 한다. 이렇게 알아낸 지식으로 계속해서 나아갈 때 조만간 당신은 삶을 바꿀 수 있다.

부족함 메우기

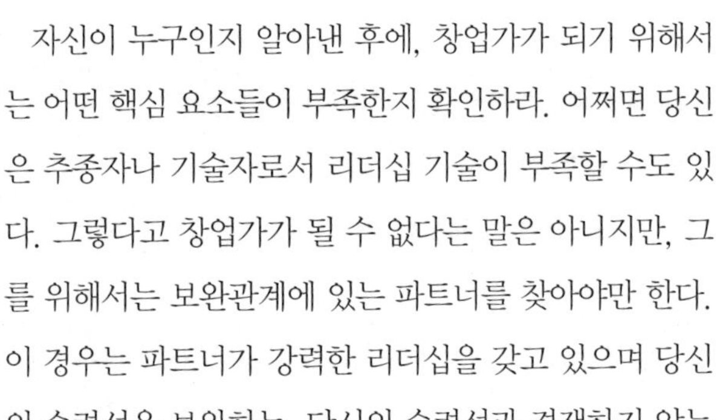

자신이 누구인지 알아낸 후에, 창업가가 되기 위해서는 어떤 핵심 요소들이 부족한지 확인하라. 어쩌면 당신은 추종자나 기술자로서 리더십 기술이 부족할 수도 있다. 그렇다고 창업가가 될 수 없다는 말은 아니지만, 그를 위해서는 보완관계에 있는 파트너를 찾아야만 한다. 이 경우는 파트너가 강력한 리더십을 갖고 있으며 당신의 숙련성을 보완하는, 당신의 숙련성과 경쟁하지 않는 파트너를 선택해야 한다. 자신을 알고 자신의 숙련성을 알면 어떤 숙련성의 파트너를 찾아야 하는지 더 분명하게 알 수 있다.

많은 파트너 관계들이 잘못되는 이유는 그들의 숙련성이 서로 보완적이지 않기 때문이다. 우리가 잘 아는 어떤 친구는 전에 함께 일했던 파트너와 함께 사업을 시작했다. 그 사업은 금방 성장했고 성공적이었다. 하지만 얼마 후에 그들은 아주 낮은 가격에 그 사업을 팔 수밖에 없었다. 두 사람 모두 강력한 리더로서 강점들이 비슷했고, 그 결과 사업 운영에 대해 서로 마찰을 빚었기 때문이다.

당신이 찾아야 하는 파트너는 서로 다르고 보완적인 강점과 숙련성을 갖고 있어야 한다. 그리고 한 사람만이 리더십이라는 재능을 가져야 한다.

파트너들의 강점이 서로 다르고 한 사람만이 강력한 리더십을 갖고 있을 때, 두 사람은 사업의 모든 욕구들을 충족하는 데 서로 의존한다. 그들은 또 각자 상대방의 강점이 결여되어 있기 때문에 서로 상대방의 강점을 존경한다. 그들은 한 사람만 강력한 리더이기 때문에 누가 리드할 것인지를 놓고 다투지 않는다. 그렇지만 서로

의 강점이 비슷할 때는 심각한 갈등이 초래되어 결국에
는 파트너 관계가 깨지고 만다.

당신의 천직

  우리는 종종 하나님의 부름을 받아 천직을 수행하는
사람은 성직자에 국한된다고 믿는다. 하지만 우리에게는
저마다 타고난 재능, 숙련성, 강점, 약점, 열정, 꿈, 관심
이 있어 저마다 독특한 방식으로 나름의 천직을 수행할
수 있다. 당신은 그와 같은 자신의 '천직'을 찾아내면 그
것을 아주 잘 하게 된다. 그 결과 당신은 축복을 받을 것
이고 남들에게 축복이 될 것이다. 당신은 성장할 것이고
밖으로 빛을 발할 것이다. 중요한 것은 돈을 많이 버는
것이 아니라 당신이 좋아하는 일을 하는 것이다. 당신이
좋아하는 일을 하면 그것을 더 잘 하여 더 좋은 결과를
낼 수 있기 때문에 돈도 많이 벌 수 있게 된다.

  우리는 이와 관련된 많은 예를 보고 있다. 한 가지 예
는 강력한 리더이자 교사인 젊은 목사에 관한 것이다.
이 사람은 자신의 의지로 자신이 바라는 변화를 만들 수

88

있을 때 아주 좋은 결과를 낸다. 그런 그가 한동안 목사가 아닌 직위에서 일하게 되었다. 결과는 그런 대로 좋았지만 그는 자신이 바라는 개인적 충만과 만족을 얻지 못했다. 이후 그는 자신의 재능에 완벽하게 들어맞는 환경을 찾아냈다. 직접 목회에 관여하는 것인데 그가 맡은 구역들은 현재 나날이 성장하고 있다. 그 모습을 보는 일은 정말이지 흥미롭다. 그와 얘기하고 있자면 목회에 신바람, 열정 그리고 재능이 최대한 발휘되고 있음을 느낄 수 있다. 이 젊은 사람은 목적과 충만함의 분위기를 발산한다. 그 일에서 돈은 그의 목표와 일상적인 초점이 아니었지만, 결과적으로 그는 노력에 합당한 금전적인 보상도 받았다.

각각의 우리는 나름의 '천직'을 발견해 그 분야에서 개인적인 행복과 성공을 달성해야 한다. 또 우리는 어떤 직업도 완벽한 것이 아님을 알아야만 한다. 당신은 자신이 하는 일에서 70%만 만족하면 그것으로 만족해야 한다. 우리가 하는 일에서는 늘 이상적이지 않은 측면과 하고 싶지 않은 부분들이 있다. 우리의 경우 컨설팅 사업의 특성상 자주 출장가는 것이 다소 불만스러운 측면이다. 하지만 우리는 컨설팅 사업이 우리의 천직으로서 우리에게 가장 잘 맞는 것임을 깨달은 후 그와 같은 출장도 성가시다고 인식하지 않게 되었다.

당신의 천직을 찾으려면 우리가 소개한 자기평가프로그램을 실행하여 당신의 리더십, 능력, 창업가적 관심과 경향, 영적인 초점, 재능, 열정, 좋아하는 삶의 방식과 지역, 관심, 꿈 그리고 부족함을 확인하라.

당신이 스스로 하는 창업에 열정을 느끼지 못한다면, '내부창업'이 당신을 위한 선택이 될 수도 있다. 당신의 현재 직장에서 내부창업가가 되는 데는 많은 이점들이 있다. 현재의 일자리를 유지하면서 창업가적 관심을 추구할 수 있는 것이다.

기업들은 멋진 아이디어가 있고 회사와 회사의 수익을 개선할 수 있는 직원들을 좋아한다. 그것은 기업과 개인 모두 도움이 되는 상황이다.

우리가 정의하는 '창업가'는 기업 내지 사업을 시작해 운영하면서 대개는 완전한 통제와 위험을 떠맡는 사람이며, '내부창업가'는 창업가적인 역할과 환경 속에서 회사를 위해 일하는 사람이다. '내부창업가'는 여전히 회사를 위해 일하면서 독립적으로 새 사업을 개발하는 기회를 갖고, 회사에도 새로운 수익을 올려주고, 그렇게 해서 나온 수익을 회사와 함께 공유한다. 유일한 조건은 그 독립적인 사업이 회사의 사업에 방해가 되지 않고, 나아가 완전한 고객 서비스가 확대되는 것이다.

회사에서 일하는 모든 직원들이 내부창업가의 역할에 맞는 것은 아니다. 이런 역할은 모든 직원들에게 무차별적으로가 아니라 사례별로 적용되어야 한다. 그러나 일부 전문적인 회사들은 예외일 것이다. 이런 회사에서는 각 개인의 직함, 지위 그리고 보상 꾸러미가 그 사람이 만들어내는 수익적인 사업에 의해 결정된다. 그리고 많은 전문적 회사들 – 이를테면 컨설팅 회사나 법률회사 – 은 이미 파트너들이 사업을 소유하도록 구조가 짜여져 있다.

내부창업의 일곱 가지 원칙

다음은 내부창업의 일곱 가지 원칙이다.

1 '내부창업' 의 환경을 만듦으로써 회사와 직원 모두 혜택을 누려야 한다. 회사는 핵심적인 직원을 보유하면서 매출과 수익을 계속해서 늘린다. 이것은 회사가

잃고 싶지 않은 소중한 직원들의 경우에 더욱 그러하다. '내부창업'을 하는 직원은 초기 자본 투자와 기존 수입의 희생 없이도 창업을 할 수 있고 좋은 회사, 그런 회사의 고객 기반, 전문적인 직원들과 계속 연결되는 혜택을 누릴 수 있다.

2 회사는 직원들에게 탄력성을 제공해야 한다. 회사는 직원들에게 내부창업의 기회를 분명하게 제시해야 하고 회사뿐 아니라 자신을 위해서 독립적으로 사업을 수행케 해야 한다.

3 회사와 직원들은 '내부창업'으로 발생하는 새로운 수익을 공유해야 한다.

4 직원들은 시간적으로 탄력성을 가질 수 있어야 한다. 그렇지만 고객과 회사의 욕구들을 반드시 충족시켜야 한다.

5 직원들은 직접적인 보고의 지침 안에서 독립적으로 기능해야 한다. 각각의 고객은 회사의 고객이든 개인 고객이든지 간에 그 사람의 고객으로 취급되어야 한다. 그 결과는 사후 관리의 개선과 고객 만족의 확대다.

6 회사의 목표가 개인의 목표보다 우선되어야 한다. 그렇

지만 개인의 목표는 회사의 목표와 함께 이해되고 달성되어야 한다.

7 직원들은 회사의 비전과 가치들 속에서 기능해야 한다.

내부창업의 일곱 가지 혜택

'내부창업'은 회사와 직원 모두에게 다음과 같은 일곱 가지 혜택을 제공한다.

1 새로운 개념, 제품, 수입원이 회사를 위해 창출된다.

2 회사의 이직율이 극적으로 줄어든다. 대신 '지적 자본' 이라 불리는 지식 기반과 숙련성은 확대된다.

3 직원의 실적과 회사의 성과가 개선된다. 더 높은 업무 만족도와 개인적 공헌 및 소유의식이 높아지기 때문이다. 직원들은 회사의 중요한 일부라고 느끼게 되고, 그래서 회사의 목표 달성과 미래를 위한 노력에 더 밀접하게 관련된다.

4 새 사업을 시작하는 직원의 불안감이 극적으로 낮아진다. 기존의 수입원이 보장되기 때문이다. 나아가 새

사업을 시작할 때 필요한 주요 자본 투자를 피할 수 있다. 회사의 장비와 간접비를 활용하면 된다.

5 직원들은 기존의 모든 동료 및 직업적 관계를 유지할 수 있다. 그리고 회사는 우수한 인재들을 유지함으로써 이직율을 줄일 수 있다. 그 결과 회사는 추가적인 회사 후원자 또는 판매원을 확보할 수 있다.

6 직원들은 회사의 우수한 명성을 활용할 수 있다. 그로써 기존의 고객들을 유지할 수 있을 뿐 아니라 새로운 고객들을 개발할 수도 있다. 그런가 하면 회사는 내부창업가인 직원을 고객으로 취급할 수 있는 혜택을 얻는다.

7 직원들의 창의성이 높아진다. 그렇다면 당신은 어떻게 내부창업에 적합한 회사를 찾아낼 수 있는가? 아쉽게도 그런 회사들의 완전한 명단은 없다. 그렇지만 우리는 그런 회사의 특성을 보여주는 짧은 리스트를 개발했다. 이것에 대해서는 다음 장에서 소개할 것이다.

이제 당신은 대부분의 사람들보다 자신에 대해 더 잘 알게 되었다. 그렇다면 당신은 새로 알게 된 이 지식으로 무엇을 하려는가?

첫째, 창업가가 되어 자신의 사업을 시작할 열정이 당신에게 있는지 자문하라. 이것은 앞서 한 자기평가연습에서 드러났을 것이다. 만일 그렇다면 당신은 성공할 가능성이 매우 높고 당신의 개인적인 노력을 즐길 수 있을 것이다. 창업적 노력에서는 다름 아닌 열정이 성공과 실패를 가름한다.

만일 당신에게 그런 창업가적 열정이 없다면 다른 길을 찾아보라. 혹은 당신의 부족함을 메울 수 있는 파트너를 찾아보라. 단 숙련성과 관심들이 아주 보완적인 파트너여야 한다. 창업이 당신에게 전혀 맞지 않은 것이라면, 그때는 올바른 회사에서 '내부창업' 기회를 찾는 것이 가장 좋을 것이다. 어느 길이 당신에게 맞는지는 당신만이 결정할 수 있다. 그리고 이 중요한 결정을 내린 후에만 당신의 삶에 원칙 3부터 원칙 7까지를 적용할 수 있다.

둘째, 당신의 천직이 무엇인지 이해하는 데에 시간을 투자하라. 어떤 사업이나 상황에서 당신의 재능, 숙련성, 관심이 가장 잘 기능하는지 알아보라. 당신은 그것이 무엇이든 간에 잘 할 것이며 즐겁게 할 수 있을 것이다. 돈을 버는 것이 가장 중요한 초점이 되어서는 안 된다. 그렇지 않으면 당신은 경제적으로는 성공할 수 있지만 다른 측면에서는 불행할 것이다.

셋째, 계속해서 지혜를 구하는 것을 잊지 말라. 우리는 당신이 성경이나 그밖에 영감을 주는 문헌에서 지혜를 구할 것을 권유한다. 금전적인 예산을 짠 후, 영감과 지혜를 구해 당신에게 맞는 이상적인 직업이 무엇인지 알아냈다면 계속해서 지혜를 구해야 한다.

이 책은 당신을 위한 지침서로서, 당신이 어떻게 자신에 바탕한 '천직'을 찾고 꿈을 달성하면서 당신이 하는 모든 것에 균형을 유지할 수 있는지 보여준다. 이 책을 읽음으로써 당신의 인생이 바뀔 수 있다. 이제 자신이 누구인지 이해한 당신은 그런 지식에 바탕해 '올바른' 기회를 찾아야 한다.

다음 장에서 우리는 올바른 기회를 어떻게 찾는지 얘기할 것이다. 올바른 기회를 찾은 후에 당신은 처음의 두 원칙을 한데 합쳐 삶을 위한 통합적 비전을 형성할 수 있다. 하지만 그 전에 먼저 해야 할 일은 '올바른' 기회를 찾는 것이다.

기억하라! 인간이 추구해야 할 것은 돈이 아니다

인간이 추구해야 할 것은 항상 인간이다.

당신이 좋아하는 일을 선택하라.
그러면 당신은 단 하루도 일할 필요가 없을 것이다.

— 공자

올바른 기회를 선택하라

당신에게 맞는 '올바른 기회'를 선택하려면 세 가지를 염두에 두어야 한다.

첫째, 당신의 '천직'과 관련된 기회를 찾아내는 데 집중하라. 즉 당신의 진정한 재능, 꿈, 관심, 숙련성, 열정과 관련된 일을 찾아라. 그러면 즐겁게 일할 수 있을 것이다. 둘째, 당신이 원하는 삶을 창조할 수 있는 기회를 찾아내라. 당신이 바라는 진정한 이상적인 삶 그리고 균형적인 삶을 사는 데 중요한 지식을 사용해 당신에게 맞는 기회를 선택하라. 당신이 잘 할 수 있고 즐길 수 있는 것이 바로 당신에게 의미가 있는 것이다. 당연히 그것은 당신이 원하는 삶을 지원할 수 있는 수준의 소득도 제공해야 한다. 그런 만큼 아주 현실적인 관점에서 생각하

라. 당신의 모든 생활비들을 지원할 수 있는 기회에 초점을 맞추되, 성공의 가능성은 높고 실패의 가능성은 낮은 기회를 선택하라. 당신의 가정과 생활을 지원할 만큼의 소득을 제공하는 사업이나 경력을 선택하라.

만일 사업가의 길을 선택했다면, 당신은 그런 사업을 찾아내는 것이 당신이 달성코자 하는 균형적인 삶의 주요 요소를 정의하는 완벽한 기회임을 알게 된다.

또한 간단한 네 단계의 과정을 지킴으로써 개인적 삶을 보장하고 금전적으로도 만족스러운, 그러면서 경제적 실패의 위험이 상당히 적은 사업 기회를 찾아낼 수 있다. 그 과정 속의 네 단계들은 다음과 같다.

1 단점은 적고 장점이 많은 사업을 찾아내라. 당연히 목표는 당신과 고객 모두에게 잘 봉사하는 성공적인 사업을 만드는 것이다. 우리는 아주 성공적인 사업의 세 가지 특징을 당신에게 보여줄 것이다.

2 계획과 시간표를 마련하라. 하지만 끝가지 계획만 하지 말고 시작할 준비를 하라. 당신에게 충고를 해주고 있는 자문위원들과 함께 이 계획을 검토하라.

3 얘기만 하지 말라! 뛰어들어라! 실제로 하라! 무엇이든

실제로 해야만 시작된다. 이 단계는 진정한 창업가와 그냥 원하거나 꿈만 꾸는 사람들을 구분짓는다.

4 **당신의 사업을 우수성으로 실행하라.** 우리는 고객의 기대를 초과하는 프로그램을 보여줄 것이다. 프로그램의 세부사항이 당신의 상황에 맞지 않을 수도 있다. 그러나 당신은 미리 계획을 짜서 고객 서비스와 고객 만족의 우수성을 달성해야 한다.

자신의 사업을 시작하는 것은 개인적인 강점, 가치, 꿈들을 가족을 지원하는 소득 창출과 통합시킬 수 있는 멋진 기회를 제공한다. 당신이 생각하는 이상적인 환경에서 재능을 발휘하고 그것으로 생활도 할 수 있다면 얼마나 좋겠는가.

사업을 일으킨 후에 가정을 돌보라

반드시 성공적인 수확이 가능한 사업을 개발한 후, 당신의 집을 돌보라. 이것은 일반상식으로 도출해낸 강력하고 보수적인 원칙이다. 하지만 대부분의 젊은 부부들은 오늘날 정반대의 행동을 하고 있다. 그들은 먼저 비싼 집과 가구, 고급승용차, 옷 등을 사고 아이들을 낳는다. 그런 후에 창업을 생각하지만 곧 사업을 시작하기 위해 필요한 경제적 안정이나 자원이 없음을 알게 된다. 그런데도 창업의 꿈을 추구하려면 많은 빚을 지거나 시작하는 사업이 빨리 현금 흐름을 창출해야만 한다. 어느 경우이든지 그것은 높은 위험과 상당한 압박을 초래한다.

그러나 먼저 사업을 일으키면 위험을 줄일 뿐 아니라 상당한 금전적 압박에서 벗어날 수 있다. 또 빠르고 생산적으로 발전해나갈 수 있다. 이런 개념은 궁극적으로 당신의 새로운 창업가적 삶을 쉽고 용이한 것으로 만들 수 있다.

창업을 향한 당신의 꿈을 현실로 바꾸어라

당신이 이끌어 갈 사업을 선택하는 것은 가장 먼저 해야 할 중요한 일이다. 이는 창업과정에서 막상 어떤 사업을 추구할 것인지 결정하는 과정이 아주 어려울 수 있음을 의미한다.

어쩌면 여러 해에 걸쳐 사업을 인수하거나 만들 수도 있다. 당신이 밟을 수 있는 한 가지 길은 당신이 살고 싶은 특정한 지역에서 인수할 잠재적 관심의 모든 사업들을 알아보고, 그런 후 각각의 사업자들에게 그들의 사업을 팔 의향이 있는지 묻는 것이다. 이와 같은 접근법은 사업을 선택하는 한 가지 방법으로, 나름대로 해볼 만하다. 하지만 이런 방식에는 몇 가지 결점이 따른다.

첫째, 사업의 선택범위가 특정지역 내로 국한될 수 있다. 그래서 자신에게 맞는 최상의 사업을 인수하지 못할 수도 있다. 둘째, 사업의 인수비용을 과도하게 지불할 수도 있다. 마지막으로 그렇게 인수하는 사업은 당신의 정확한 숙련성 내지 재능에 맞는 경우가 좀처럼 드물다.

당신의 사업을 찾아내는 네 단계 

다음의 네 단계 과정은 성공적인 창업의 모든 특성을 갖는 새 사업으로 당신을 안내할 수 있다.

● 단계 1

단점은 적고 장점이 많은 사업을 찾아내라.

단점이 적다는 것은 필요한 초기 자본이 적다는 것이

고, 장점이 많다는 것은 장래의 매출과 수익이 아주 높을 수 있다는 것이다. 이런 원칙을 사용해 사업을 선택함으로써, 당신은 사업의 초기 자본과 실패의 가능성을 최대한 줄여 창업의 위험을 극적으로 낮출 수 있다.

대체로 새로운 사업을 창업하는 데는 상당한 초기 자본이 필요하고 그와 관련된 위험 부담이 아주 높다. 당연히 상당한 금액을 쉽게 잃을 수도 있다. 실제로 많은 사람들이 사업을 시작하고 막대한 손해를 보았다. 창업한 사업 중에서 성공하는 사업은 셋 중의 하나에 불과하다.

장점이 많은 사업은 일단 성공하면 수익이 높다는 것을 뜻하지만 많은 창업가들은 새로 사업을 할 때 이점을 잘 고려하지 않는다. 힘들게 사업을 시작한 후에야 그 사업의 마진과 수익성이 아주 낮다는 점을 발견하는 것이다.

사업을 시작하는 것은 어떤 형태든 간에 힘든 일이며, 수익성이 낮은 사업을 힘들게 시작하는 것은 당신의 시간과 재능 그리고 정력을 낭비하는 것이다. 단점은 적고 장점이 많은 사업을 선택함으로써, 당신은 창업의 위험은 최소화하고 수익의 가능성은 최대화할 수 있다. 이것은 그렇게 나쁜 선택이 아니다.

이런 특징을 갖춘 사업의 좋은 예로는 부동산 중개업,

컨설팅, 저술사업, 그밖에 다른 전문적 서비스업을 들
수 있다.

- 부동산 중개업은 자격증, 전화, 자동차, 명단 작성의
  비용을 포함해 창업비용이 낮은 수준이다. 사무실도
  있으면 좋지만 필수사항은 아니다. 부동산 중개업의
  여러 장점은 상당히 클 수 있다. 중개수수료의 경우
  (특히 높은 가격의 주거용, 상업용, 혹은 산업용 부동산)
  그 액수가 상당하다. 우리가 아는 어떤 부동산 중개
  업자는 주로 아주 큰 산업용 건물들만 취급하는데,
  수수료가 상당히 높은 편이다. 이 정도면 꽤 괜찮은
  정도이며, 낮은 창업 및 운영비용까지 감안한다면
  수익성이 아주 높은 편이다. 참고로 운영비용은 불
  경기에도 극히 낮은 수준이다.
- 컨설팅은 구체적인 전문성을 갖춘 사람이 부가가치
  가 높은 서비스를 제공하는 것으로서, 단점은 적고
  장점이 많은 사업활동의 또 다른 좋은 예이다. 단점
  에 해당하는 사항은 창업시 사무실, 전화, 컴퓨터,
  기타 장비를 구입한다는 것이다.
  그러나 이 모든 것을 비교적 낮은 비용으로 마련할

수 있다. 요즘에는 고성능의 노트북 컴퓨터도 그리 비싸지 않게 리스하거나 구매할 수 있으며, 고품질의 보고서 작성 장비도 상당히 낮은 가격에 이용이 가능하다. 반면 우수한 능력의 컨설팅 사업이 갖는 장점은 하루에 수천 달러에 달하는 수임료와 추가로 받을 수 있는 성공 보수를 들 수 있다.

당신은 성공적인 컨설턴트가 되기 위해 필요한 숙련성과 명성을 얻는 데 시간을 투자해야 한다. 그것은 가능한 일이며, 오늘날 매일같이 일어나고 있다. 큰 컨설팅 회사에서 일하면서 획득한 고도의 숙련성을 갖춘 사람들이 보다 충만하고 균형적인 삶을 살고 있다. 이와 같은 추세는 시장에서 더욱 분명하게 나타난다. '부티크(boutique)' 형태의 컨설팅 회사들이 크게 번창하면서 두 자리 수의 높은 성장을 보이고 있다.

■ 저술사업은 단점은 적고 장점이 아주 많은 사업이다. 여기에 들어가는 비용은 워드 프로세스 비용, 종이 그리고 시간이다. 그리고 장점은 책에서 얻어지는 인세 수입인데, 이것은 때로 엄청난 액수에 달한다. 뿐만 아니라 책을 기반으로 한 사업도 가능하다. 이를

테면 강연, 세미나 혹은 컨설팅 사업 같은 것이다. 당신은 주된 아이디어가 필요하며, 그것을 시간과 노력을 들여 구체적인 단어들로 옮겨야 한다. 성공적인 저술활동의 보상은 극적일 수 있으며 초기 자본 투자나 위험은 극히 적다.

그밖에 다른 예들로는 다양한 형태의 상담 전문가(금융, 결혼 등), 보험대리인, 주식중개인, 개인적인 훈련 전문가, 다양한 서비스를 제공하는 도우미(노인, 아이, 애완동물 보살핌, 정원 가꾸기, 세탁, 다림질, 풀장 관리 등) 등이 있다.

단점은 적고 장점이 많은 창업 기회는 이 외에도 수없이 많다. 당신이 기억해야 할 점은 낮은 위험과 높은 잠재적 보상의 결합이 사업을 성공으로 안내한다는 것이다.

다시 '자신을 알라' 원칙으로 돌아가보자. 당신은 자신에 대해 무엇을 알아냈는가? 당신의 재능은 무엇인가? 당신의 열정은 무엇인가? 이제 이것이 당신이 관심이 있는 사업의 속성과 관련해 당신에게 무엇을 말하는지 생각해보라. 당신이 이미 어떤 독립적인 사업 아이디어를 갖고 있다면, 그것은 당신의 재능, 숙련성, 관심,

열정과 어떻게 연결되는가? 당신에게는 필요한 숙련성이 있는가? 그것은 당신의 관심에 부합하거나 당신의 특정한 열정과 관련이 있는 사업인가? 당신에게는 사업에 필요한 숙련성이 있는가?

당신은 창업에 필요한 금전적 자원뿐 아니라, 사업을 시작한 후 반드시 찾아오는 불경기를 헤쳐나갈 수 있는 금전적 자원도 보유해야 한다. 당신이 올바른 사업을 선택했고 그것을 제대로 구조화했다면, 당신은 상당한 현금 흐름 없이도 사업을 계속할 수 있을 것이다. 다만 그런 시기에는 집으로 갖고 갈 현금이 충분히 발생하지 않을 것이다.

당신은 그런 상황에서 적어도 6개월 이상 버틸 수 있는 현금을 보유해야 한다. 물론 당신이 사업을 먼저 계획한 후에 가정을 돌보기로 결심했다면, 당신이 매달 필요로 하는 금액은 그다지 크지 않을 것이다. 요컨대 당신의 사업이 일상 생활의 요구들로 압박을 받아서는 안 된다.

이번에도 이 모든 것의 열쇠는 먼저 사업을 계획한 후에 이상적인 생활방식을 세우는 데 있다. 즉 단점은 적고 장점이 많은 사업에 집중하고, 사업이 그렇게 좋지 않을 때도 당신의 사업이 지원할 수 있는 생활방식을 세우며, 충분한 현금 보유를 확보한 후 창업의 꿈을 추구하는 것이다.

사업을 시작할 때는 누구나 아주 성공적인 사업을 계획해 고객들에게 봉사하고, 동시에 금전적인 투자수익을 확대하고자 할 것이다. 우리는 그동안의 경험을 바탕으로 아주 성공적인 사업의 세 가지 특징을 규명했다.

부가가치가 높은 서비스를 제공하라

당신이 고객에게 약속한 것을 넘어서는 서비스를 제공하라. 당신의 사업이 10만 달러의 비용에 100만 달러의 가치에 해당하는 서비스를 제공한다면, 당신은 부가가치가 높은 서비스를 제공하는 것이다. 어떤 회계사가 수백 달러의 비용에 수천 달러의 절세 서비스를 제공하는 것이 그 좋은 예다. 우리가 운영하는 컨설팅 회사는 고객들에게 수백만 달러의 이득을 줄 수 있는 협상을 하는데, 우리가 받는 수임료는 그런 가치에 비하면 아주 미미한 것이다. 부가가치가 높은 서비스를 제공하면, 고객들은 당신을 더 많이 찾을 것이고 당신에게는 그에 따른 보상이 주어질 것이다. 한마디로 기분 좋게 일하면서 금전적인 보상을 받는다.

품질이 아주 우수한 지식을 확보하라

고객들에게 가격에 비해서 품질이 아주 우수한 지식을 제공함으로써 고객들이 다시 당신을 찾게 하라. 이것은 당신이 고객들에게 제공하는 가치를 높이는 한 가지 방식이다.

오늘날의 사업은 극히 경쟁적이다. 다시 말해 당신은 최고들과 경쟁한다. 따라서 반드시 최고보다 더 나아야만 성공할 수 있다. 당신은 그런 지식을 어떻게 확보하는가? 오늘날 성공적인 사업가는 자신의 특정분야에서 전문가인 사람들이다. 당신은 최고에게서 배워야 하고, 그런 후 그들보다 더 잘 하려면 어떻게 해야 하는지 분석해야 한다. 고수의 뒤를 좇고, 가능한 모든 질문을 고수에게 묻고, 가능하다면 그 사람을 위해 일하고, 우수한 현업 훈련을 받아라. 그런 후 배운 것을 바탕으로 품질이 더 우수한 지식을 개발하라.

그러나 당신을 가르친 고수와 경쟁하지는 말라. 시장은 크고 세상은 넓다. 그런데 왜 당신을 가르친 사람과 경쟁하려 하는가? 당신을 가르친 교사, 스승, 친구와는 경쟁하지 말라. 대신 그 사람을 깊이 존경하고 평생 동안 우정을 유지하라. 그러면 진정으로 축복을 받을 것이다.

크고 성장하는 시장에 봉사하라

당신의 회사를 지원할 수 없는 작은 시장에 당신 자신과 당신의 모든 금전적 자원을 쏟아붓지 말라. 대신에 크고 성장하는 시장에 집중하라. 큰 시장이 존재함을 스스로 확신한 후, 아주 집중적이고 전면적인 마케팅 노력을 수행하라. 마케팅을 6개월 해야 1개월의 매출을 올릴 수 있다면, 당신의 사업은 살아남지 못할 것이다. 그러나 집중화된 마케팅 노력으로 한 달이나 두 달 만에 고객을 확보하고, 몇 달 동안 할 일이 있고, 당신의 서비스가 반복 거래를 창출한다면, 시장 상황이 아무리 치열해도 당신의 회사는 성공을 이룰 수 있다. 크고 성장하는 시장이라면 경쟁자들이 있더라도 당신의 사업이 생존하고 번창하는 데 충분한 기회들을 제공할 것이다.

단계 2

계획과 시간표를 마련하라. 하지만 끝없이 계획만 하지 말고 시작할 준비를 하라.

일단 당신에게 가장 잘 맞고 성공의 세 가지 특성을 갖춘 사업을 골랐다면, 이제 당신은 합리적이고 체계적인 계획을 마련해야 한다. 그런 후 각각의 단계에 맞는 예산과 시간표를 짜야 한다. 당신은 충분한 현금을 보유하여 사업 초창기 생활비와 운영비를 충당할 수 있어야 한다. 이를 위해서는 자신의 욕구, 창업비용 그리고 시간표를 이해하는 일이 선행되어야 한다. 그렇지 못한 창업가는 거의 즉시 금전적인 어려움에 처하게 된다. 다시 한 번 말하지만 사업을 시작하기 전에 충분한 현금을 보유하면 초창기의 성공에 큰 도움이 된다.

최근 우리는 새로 사업을 시작한 창업가에게 창업과정에서 배운 가장 중요한 교훈이 무엇인지 물었다. 그 사람은 이렇게 대답했다. "그것은 잘 정리된 좋은 사업 계획을 짜는 것입니다. 아쉽게도 나는 사업을 하면서 그것을 개발해야 했습니다."

계획짜기 과정의 일부로, 우수한 분별력과 판단력을 지닌 성공한 사업가 세 명을 자문위원으로 선택하라. 일반적으로 볼 때, 창업주가 금전 및 감정적으로 창업에 관련되어 있으면 평상시의 객관성을 쉽게 잃고 감정에 휘말려 사업적인 판단을 그르칠 수 있다. 이 3인조 자문위원회는 먼저 사업을 시작한 경험과 그 과정에서 힘들게 배운 소중한 교훈으로 당신이 사업계획을 정확하고 완벽하게 검토하는 데 도움을 줄 것이다.

● 단계 3

얘기만 하지 말라! 뛰어들어라! 실제로 하라!

잠재적인 창업가들 중에서 이 단계를 밟는 사람은 그리 많지 않다. 그들은 자신의 아이디어와 창업 기회들에 대해 얘기하길 좋아하지만, 충분한 확신, 용기 부족 혹은 우둔함 등으로 실제로 실행하지는 않는다.

기어를 올려라! 배를 움직여라! 그리고 뛰어들어라. 수영은 이론으로 배울 수 없다. 어느 순간에는 뛰어들어 현실에서 당신의 계획을 실행할 수 있는지 알아봐야 한다. 이것은 겁나는 일일 수도 있지만, 언젠가는 시작해야만 하는 일이다. 당신은 나름대로 실수도 할 것이다. 사실 누구나 실수를 한다. 염두에 두어야 할 점은 당신의 계획이 일부 초보적인 실수를 피하고 끔찍한 실수를 저지르는 것을 방지한다는 데 있다. 사실 모든 잠재적 문제나 대안을 분석한다면 실천은 절대로 불가능할 것이다. 한 가지는 분명하다. 당신은 실수에서 배운다. 누군가의 조언에서는 배우지 못할 수도 있지만, 당신의 실수에서는 배움을 얻는다. 따라서 당신에게 맞고 단점이 적고 장점이 많은 사업을 골랐다면 일단 실행하라.

새로운 사업을 시작하기 전에 이런 교훈들을 배운다면 심각한 실패를 피하는 데 도움이 된다. 긍정적인 측면에서, 당신은 실패에서 나름의 교훈들을 배워 나중의 삶에서 더 잘 할 수 있다. 심각한 실패조차도 심오한 교육과정으로서 결국 진정한 축복이 될 수 있다.

아주 젊었을 때 사업가가 되기를 갈망했던 나(제임스)는 사람들이 성탄절 나무를 팔아 상당한 돈을 버는 것을 알게 되었다. 그래서 한 트럭 분만 주문한다는 처음 생각을 바꿔 두 트럭, 결국에는 세 트럭 분의 성탄절 나무를 주문했다.

하지만 나는 임차한 그 분주한 모퉁이 부지에서 성탄절 나무를 팔 수가 없었다. 그 부지에는 적절한 주차 진입로가 없었기 때문이다. 당연한 일이겠지만 그 지역의 경찰이 나에게 나무들을 치우라고 명령했다. 나는 아주 먼 곳의 부지로 장소를 옮겼고, 그곳에서는 나무를 거의 팔지 못했다. 결국 나는 돈을 주고 사람을 시켜 그 나무들을 없애도록 할 수밖에 없었다. 그 일로 너무 실망하고 주눅이 든 나는 여러 해 동안 그 얘기를 할 수가 없었다.

심지어 35년이 지난 지금도 그 얘기를 할 때면 마음이 약간 아프다. 그러나 나는 그 경험에서 아주 많은 것을 배웠고 다시는 실패한 사업을 하지 않았다. 그때 내가 배운 교훈들은 아주 값진 것으로, 내 사업 성공에 엄청나게 기여했다. 이처럼 실패는 훌륭한 교사가 될 수 있다. 하지만 당신은 이 책의 단계들을 밟음으로써 실패의 수와 후유증을 최소화할 수 있다.

● **단계 4**

당신의 사업을 우수성으로 실행하라.

당신이 하는 사업의 모든 분야에서 우수성을 추구하라. 당신 회사의 목표는 고객의 기대를 충족할 뿐 아니라 그것을 초과하는 것이어야 한다. 이 목표를 달성하기 위해 당신은 사업의 모든 분야에서 고객의 기대를 초과하는 계획을 짜야 한다.

당신이 선택한 사업에서 우수성의 추구는 전혀 다른 형태를 띨 수도 있다. 우리는 '뛰어난 업무 수행'이란 이름의 내부 프로그램을 개발했는데, 이것은 우리가 하는 사업의 모든 분야에서 고객의 기대를 초과하기 위한 기본 규칙들을 형성한다.

우리가 개발한 프로그램의 가장 중요한 요소들은 1) 완벽한 서류를 제공해 모두가 공감하고 동의하게 한다. 2) 아주 세심한 분석을 제공해 부가가치를 높인다. 3) 고객의 팀과 폭넓은 의사소통을 한다. 4) 제안과 보고서, 그리고 인력 면에서 비범한 품질을 보장한다.

이런 네 가지 요소들을 실천함으로써, 우리는 아주 높은 수준의 고객 만족을 달성하고 있다. 당신이 선택한 사업에서 '업무 수행 프로그램'의 핵심 요소들은 우리와 다를 수도 있다. 그렇지만 중요한 사항은 당신이 어떻게 매번 고객들의 기대를 초과할 수 있는지를 생각하고 그를 위한 계획을 마련하고, 실행하는 것이다.

우리가 컨설팅 사업에서 설정한 기준들에는 다음의 다섯 가지가 포함되어 있다.

■ 실수하지 않는다. 더 이상 말이 필요 없다. 혹시라도 실수를 발견하면 아무리 많은 비용이 들어도 즉시 제거하라.

- 고객의 기대를 초과하기 위해 필요한 것이면 무엇이든 하라.

- 고객에게 제시하는 모든 제안과 보고서는 제시하기 전에 적어도 세 번 이상 검토하고, 수정하고, 개선하라.

- 둘 혹은 세 개의 도표나 그림을 통해, 당신이 전하고자 하는 메시지를 분명하게 전달하라.

- 예정된 제시일 전날에 완벽한 리허설을 하고, 그런 리허설을 바탕으로 결과를 개선하라.

강력하고 효과적인 기술적 전문성의 개발은 당신이 하는 모든 것에서의 우수성 추구와 연결되어야 한다.

당신이 선택한 분야에서 전문가가 되어라. 당신이 알고 잘 하는 것에 초점을 맞추고, 계속해서 그것을 개선하고, 당신의 기술적인 전문성과 숙련성이 당신이 제공하는 서비스에 가치를 부가하는 기회들에 초점을 맞추어라.

우리가 하는 컨설팅 사업의 경우, 공공부문의 고객들을 위한 프로젝트는 하지 않는다. 우리는 제조업 고객들을 위한 민간부문의 위치 선정 프로젝트에 초점을 맞

춘다. 이런 프로젝트를 아주 잘 하고 이 분야에서만큼
은 부가가치가 매우 높은 서비스를 제공할 수 있기 때
문이다.

마지막으로 강력하고 초점화된 업무윤리를 개발해 과
감한 리더십 및 좋은 분별력과 결합하라. 다시 말해 말
해야 할 것은 말하되, 그것을 강력하게 말하라. 단, 전문
적이고 정중하게 말하라. 이와 같이 우수하고, 존중할
만하고, 성실한 방식으로 사업을 하면 고객들로부터 크
게 인정받아 점점 더 많은 주문을 얻을 수 있다.

만일 당신이 직접 회사를 차리는 대신 내부창업을 선
택했다면, 당신이 선택한 회사에 내부창업적인 회사의
일곱 가지 특성이 있는지 확인하라. 그러면 당신이 일
하는 회사는 당신을 내부창업가로서 기꺼이 고용할 것
이다.

내부창업 회사의 일곱 가지 특성

모든 회사가 내부창업에 적합한 특성을 가지고 있는
것은 아니다. 내부창업을 위해서는 회사가 올바른 환경

을 갖고 있어야 하고, 회사와 개인 모두가 함께 더 많은 것을 달성하고 개선하겠다는 갈망을 공유해야 한다. 다음은 '내부창업에 적합한' 회사가 가지는 특성들이다.

- 관련 산업에서 최고이거나 거의 최고이다.
- 아주 우수한 고객 기반이나 지배적인 시장 점유율을 갖고 있다.
- 시장의 미래 트렌드를 따르는 첨단에 서 있다.
- 수익성이 아주 높으며, 매년 매출의 상당 부분이 새로운 제품이나 서비스의 도입에서 비롯된다. 그리고 혁신적이고 창의적인 환경이 조성되어 있다.
- 새로운 아이디어들을 기꺼이 수용한다. 최종손익이 긍정적이고 핵심 직원들의 수가 늘어나는 만큼 새로운 아이디어들을 수용한다.
- 당신의 개인적 가치와 아주 비슷한 가치를 추구한다.
- 관리 및 경영방식이 진보적이고, 대응적이고, 탄력적이다.

핵심 주제는 당신이 자신에 대해 배운 것을 바탕으로 당신에게 잘 맞는 기회를 고르는 것이다. 창업가로서 스스로 하고 싶은 사업을 찾아내는 것이든, 일곱 가지 내부창업 특성을 보여주는 회사에서 나름의 자리를 추구하는 것이든, 그것은 우리의 일곱 가지 원칙을 삶에 적용시켜 창조하게 될 통합적인 사업 및 생활의 모델에서 핵심적인 요소다.

당신에게는 놀라운 기회와 도전이 있다. 당신의 꿈을 달성하면서 부가가치가 높은 서비스를 고객들에게 제공해 기대 이상의 만족을 얻도록 하는, 다시 말해 당신에게 맞는 맞춤형의 기회를 구조화할 수 있는 기회와 도전이다.

일단 당신에게 맞는 사업 기회를 찾아내고, 우수성으로 그것을 실행할 계획을 마련했다면, 당신은 이제 앞으로 나아갈 수 있다. 이제는 진정한 자신이 원하는 삶의 방식을 사업적 기회와 결합시켜, 원하는 미래를 만들어야 할 때다.

기어를 올려라! 배를 움직여라! 그리고 뛰어들어라!

수영은 이론으로 배울 수 없다.

당신은 언젠가 시작을 해야만 한다.

리더는 과거에서 배우고, 현재에 집중하고, 미래를 준비한다.
— 버드 배깃, 《리더십의 포켓북》에서

비전을 가져라

'당신의 여행을 시각화한다'거나 '비전을 갖는다'가 뜻하는 바는 무엇일까? 한마디로 당신이 가고자 하는 곳을 분명하게 규정하는 것, 당신이 만들고자 하는 미래의 모습을 분명하게 그리는 것이다. 우리가 말하는 범위는 당신이 하는 사업의 비전과 사명을 정하는 것보다 더 크다. 그것은 당신의 사업과 삶의 여행을 위한 비전, 이른바 '큰 그림'이며, 그것은 일생의 여행을 아주 즐겁게 만든다.

당신의 욕구에 맞는 통합적이고 균형적인 사업과 삶의 모델을 개발하려면, 당신이 달성코자 하는 것의 비전을 만들어 목표를 정하고 분명히 규정해야 한다. 비전은 당신의 미래를 창조하는 출발점이다.

삶의 비전을 만드는 것은 아주 개인적인 과정이다. 당신의 목표, 꿈, 가치, 열정 그리고 사업적인 관심들을 곧바로 반영하기 때문이다. 당신은 이 여행을 시각화하는 과정에서, 당신의 비전을 달성하기 위해 사용할 단계와 전략들도 구상하게 될 것이다.

비전의 네 단계

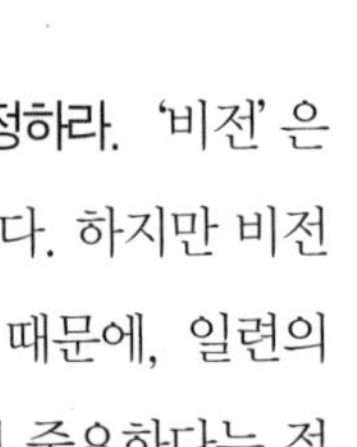

1 현실적인 관점에서 당신의 비전을 규정하라. '비전'은 종종 애매한 개념처럼 보이기도 한다. 하지만 비전이야말로 모든 것의 중심에 있기 때문에, 일련의 사업 목표들을 개발하는 것보다 더 중요하다는 점을 이해해야 한다. 실제로 우리가 말하는 비전의 분야는 매우 광범위한 것으로서 당신의 꿈과 가치들도 포함한다.

2 먼저 시각적으로, 이어서 문자적으로 당신의 비전을 규정하라. 우리는 모든 제안과 그밖의 의사소통에, 강력하고 묘사적인 그림들을 사용한다. 수많은 단어와 생각을 단 하나의 이미지 속에 넣어 정확한 메

시지를 전달하고 아이디어들 간의 관계를 보여주는데, 놀라운 사실은 사람들이 그림으로 나타나는 이미지를 훨씬 더 잘 기억한다는 것이다.

3 **리더십으로 당신의 비전을 지원하라.** 리더십은 비전을 설정하고 실행하는 데 필요한 것이다. 리더십은 다음에 무엇을 해야 할지 알고 그를 위한 전략을 개발하는 것이다. 리더십으로 당신의 비전을 지원하지 못하면 어떤 일도 일어나지 않는다.

4 **리더십 원칙들을 적용해 고객의 존경과 신임을 얻어라.** 여기서 우리는 비전의 개념적이고 철학적인 생각을 당신이 고른 사업적 기회에 실제로 적용하는 단계로 이동한다. 리더십과 비전은 당신의 균형적인 사업 및 삶의 모델에서 중심축에 해당한다. 진정한 자신을 아는 것은 당신의 독창적인 모델에 토대가 되고, 올바른 사업 기회를 고르는 것은 그것을 달성하는 도구 내지 수단이 된다. 하지만 비전을 갖는 것은 처음의 두 원칙을 한데 합해 당신이 원하는 그 '균형적 삶'을 규정하는 것이다.

비전을 가져라

우리가 정의하는 '비전'은 우선 미래의 사건들을 예상하고 미리 준비하는 능력이다.

새로 사업을 시작하려는 열망이 강한 사람은 쉽게 비전을 규정할 수 있다. 그렇지만 비전을 글로 적기 전에 당신에게 필요한 사업적 기술이나 숙련성이 있는지 혹은 당신에게 파트너가 필요한지 스스로 물을 필요가 있다.

만일 당신에게 성공적으로 사업을 시작하고 운영하는 데 필요한 기술 내지 숙련성이 없다면(마케팅, 행정, 금융, 창의력, 기술력, 고객 봉사 등) 보완적인 기술이나 숙련성을 갖춘 파트너를 찾아라. 그런 후에 당신과 파트너가 함께 비전을 규정해서 모든 참여자들이 최종 결과에 만족감을 느낄 수 있어야 한다. 회사를 위한 비전 설정은 길을 닦고 미래를 위한 원칙들을 정하는 데 아주 중요하다.

비전을 만들 때는 먼저 자신에 대한 지식과 당신이 고른 사업에서 당신이 원하는 것을 통합해야 한다. 그런 후 당신의 사업을 규정하고 당신의 가치들을 통합함으로써 비전을 개발해야 한다. 성공적인 사업과 삶의 모델을 개발하려면, 당신이 이루고자 하는 균형을 먼저 규정해야 한다. 단순히 회사의 사명과 목표를 정하는 일이 비전을 만드는 것이라고 생각하지 말라(물론 그것도 일부이기는 하다).

이 단계는 당신의 재능과 숙련성을 실제적인 사업으로 통합하는 기본 원칙들을 설정하고, 일과 가족, 소득 욕구, 개인적 가치, 사업적 초점을 균형 잡는 것을 포함한다. 구체적이고 좁은 비전이 아니라 일반적이고 넓은 비전을 만들어야 한다. 그래야만 당신의 비전이 미래에 하게 될 사업의 활동범위를 제한하지 않는다.

비전을 만들 때는 다음과 같은 원칙을 따라야 한다.

첫째, 당신이 갖고 있는 사업에 대한 비전을 간단하지만 분명한 그림으로 묘사하라. 여기에는 당신의 사업에 통합해야 할 아주 중요한 가치들과 원칙들을 포함시켜야 한다. 이것들은 자신에게 중요한 사항들로서 구성되어야 한다. 이런 단어들 내지 문구들을 글로 적고, 그런 후에 그것을 그림으로 묘사해 각각의 상대적인 중요성과 서로 간의 관계를 규정하라. 그렇게 제시된 이미지를 보게 되면, 당신이나 당신의 회사를 모르던 사람도 금방 당신 회사의 중심적인 초점, 파트너들에게 중요한 가치 및 목표 그리고 그것들 간의 기본적인 관계를 알 수 있다.

당신에게 파트너가 있다면, 이런 과정을 먼저 독립적으로 수행한 후 파트너와 함께 공유하는 형태를 취해야 한다. 즉 모든 파트너들이 개별적으로 완전히 만족한 후, 그것과 회사가 공유하는 비전을 반영하는 그림이 나오도록 해야 한다.

비전은 당신의 미래를 규정하는 데 도움이 될 뿐 아니라 그것을 달성하기 위한 전략을 짜는 데도 도움이 된다. 비전은 마음이 비슷한 사람들을 당신의 회사로 끌어당기고 당신의 가치를 공유하지 않는 사람들은 배격한다.

예를 들어, 언젠가 큰 전문 서비스 회사가 우리와 함께 합작사업을 하고 싶어했다. 그들은 우리 회사가 자신들의 컨설팅 사업부가 될 것을 원했다. 우리는 그들과 처음 만난 모임에서 우리의 비전을 제시했다. 그러나 우리 회사와 그쪽 회사가 추구하는 가치가 너무나도 다르다는 점이 분명해졌고 합작사업은 곧 없던 얘기가 되었다.

비전은 당신이 선택한 길에서 쓸데없이 옆길로 벗어나거나 판단 착오를 겪지 않게 도와준다. 다음의 모형은 우리의 최초 비전을 그림으로 요약한 것이다.

둘째, 당신이 시각화하는 회사의 활동범위와 구체적인 비전을 단어로 묘사하라. 당신과 당신의 파트너는 이

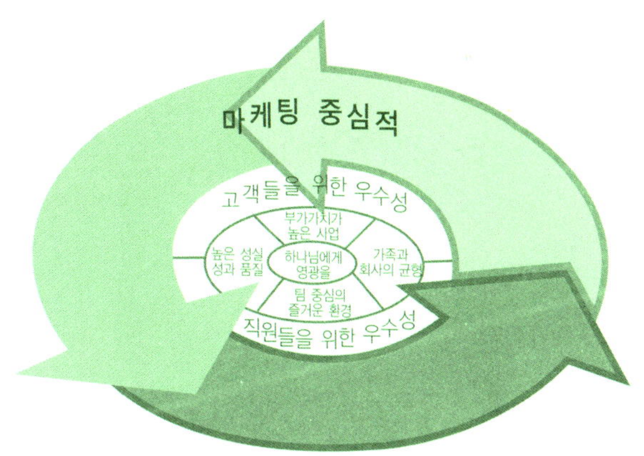

사업 비전에 대한 그림 묘사

런 비전 명세서의 모든 단어에 동의할 필요가 있다. 일단 성문화되면, 당신의 비전 명세서는 적어도 1년에 한 번은 점검을 해서 완전하고 현재적인 것으로 만들어야 한다. 그런 단어들은 그림과 한데 합쳐져 비전에 생명을 불어넣는다. 그림에서 분명하지 않은 부분을 단어들이 명확하게 해주기 때문이다. 단 각각의 단어는 모든 파트너들이 동의해야 하고 모든 직원들과 함께 자주 검토해야 한다. 그럴 때 당신의 비전과 그것을 달성하기 위한 길은 모두에게 분명해질 것이다.

우리의 비전은 하나님에게 영광을 돌리기 위해 기독

교적이고, 아주 우수한 부지 선정 컨설팅 회사가 되기 위해 고객 중심적이고, 팀 중심적이고, 마케팅 중심적인 회사가 되는 것이다. 우리의 목표는 기본적으로 민간 부문의 고객들과 함께 일하면서 제조업의 위치 선정과 관련된 프로젝트에 부가가치가 높은 서비스를 제공하는 것이다. 우리의 궁극적인 바람은 여전히 작은 회사로 남으면서도 품질이 높은 사업활동을 통해 고객의 기대를 초과하는 것이다.

리더십으로 비전을 지원하라

당신의 비전에 리더십이 없으면 어떤 일도 일어나지 않는다. 그런 만큼 리더십 자질이 부족하다면 그런 자질이 있는 파트너를 구하라. 리더십이 결여된 사업은 그렇게 오래 가지 못한다.

리더십은 무엇인가? 《당신의 리더십 확신을 키워라(Increasing Your Leadership Confidence)》의 저자 밥 비얼은 리더십을 이렇게 정의한다. "다음에 무엇을 해야 할지 알고, 그것이 왜 중요한지 알고, 적절한 자원들을 활용해 당면한 욕구를 어떻게 해결할지 아는 것"이다.

다음에 무엇을 해야 할지 아는 것은 성공적인 창업의

열쇠다. 비전을 세운 후에는 그것을 실현하기 위한 전략을 개발해야 한다. 전략이야말로 비전을 달성하기 위한 계획이기 때문이다. 이 모든 것은 간단한 것 같지만, 전략을 개발하고 실행하려면 강력하고 확고한 리더십이 필요하다. 진정한 사업적 리더는 전방에서 이끌고, 모범을 보이면서 격려하고, 사람들에게 그런 비전을 어떻게 달성하는지 가르친다. 리더에게 있어 중요한 것은 전방에서 이끄는 동시에 봉사함으로써 뒤를 좇는 사람들이 힘을 받아 목표를 달성하도록 만드는 것이다.

훌륭한 리더는 좋은 분별력과 함께 성실성, 좋은 성품, 우수성의 추구, 인내심 그리고 사람들을 고르고, 고취하고, 가르칠 수 있는 능력을 갖고 있다.

분별력은 특히 중요한 능력이다. 우리가 정의하는 '분별력'은 길을 가다 양쪽으로 갈라지는 분기점에 도달했을 때 어느 쪽으로 가야 하는지 아는 능력이다. 따라서 좋은 분별력은 본질적으로 좋은 판단력이며, 동시에 어느 누구보다 먼저 '최상의 길'을 찾아내는 능력이다. 당신의 조직에서 거의 언제나 최상의 길을 찾아내는 사람을 유심히 관찰하라. 좋은 분별력은 어느 특정한 관리의 수준에 국한된 것이 아니다. 물론 가장 바람직한 형태는 고위직 관리자들이 좋은 분별력을 갖는 것이다. 누가 봐도 좋은 분별력을 갖고 있는 젊은 직원은 남보다 먼저 승진할 가능성이 높다. 훌륭한 리더의 첫 번째 자질은 좋은 분별력이지만, 그것만 있다고 되는 것은 아니다. 성실성, 성품, 우수성의 추구, 인내심도 훌륭한 리더의 핵심적인 자질이다. 마지막으로 훌륭한 리더는 사람들을 제대로 고르고, 고취시키고, 가르쳐서 조직을 발전시킨다.

당신은 자신의 재능, 강점, 약점을 제대로 이해함으로써 주위에 당신의 약점을 보완하는 사람들을 많이 둘 수 있다. 우리의 능력 내지 숙련성은 파트너 관계에 있는 우리들을 서로 보완하고 서로의 약점을 메우게 한다. 우리는 함께 일하며 우리의 사업에서 각자의 모든 능력 내지 숙련성을 발휘한다. 요컨대 제임스는 비전가로서 큰 그림을 그리는 사람이고, 마이클은 기술적인 능력이 뛰어난 사람이다. 마이클의 모든 기술적 능력은 제임스의 큰 그림을 정말로 훌륭한 작품으로 만들어낸다.

뛰어난 리더, 훌륭한 리더는 자신의 초점, 시간, 노력의 가치가 있는 활동들을 선택한다. 당신도 최선의 노력할 가치가 있는 활동들을 선택해야 한다.

리더십 원칙의 실제적 적용

당신은 어떻게 고객이나 직원들이 당신을 좋아하고 존경하게 만들 수 있나? 당신은 어떤 방법으로 반복 거래 창출을 스스로에게 확신시킬 수 있나? 당신이 할 수 있는 네 가지 방법이 있다.

1 **고객의 기대를 초과하라.** 고객과 계약한 사항보다 더 많은 것을 하라. 예를 들어 당신이 주택을 칠하는 페인트공이라면 계약된 외벽 외에 우편함과 배수관도 칠해야 하고, 컨설턴트로서 네 가지 과업을 수행하는 계약을 맺었다면, 추가적인 비용 청구 없이 다섯 번째 과업을 수행하라. 그리고 그것을 고객이 정말로 가치 있는 것으로 생각하게 만들어라. 한마디로 적게 약속하고 많이 수행하는 방식인데, 대부분의 사업은 그와 정반대의 방식으로 수행된다. 즉 많이 약속하고 적게 수행한다. 당신은 고객이 요구하는 것보다 더 많은 것을 줌으로써 매번 고객의 기대를 초과하고 그 결과 더 많은 주문을 받을 수 있다.

2 **고객들에게 존경심을 보여라.** 당신이 상상할 수 있는 모든 방식으로, 아주 세심하게 그들에게 봉사하라. 커피를 따라주고, 문을 대신 열어주고, 세심하게 경청하고, 무언가를 물으면 즉시 열성적으로 대답하라. 대화와 행동에서 그들에 대한 존경심을 보여라. 그들이 함께 있을 때뿐만 아니라 옆에 없을 때도 그렇게 하라. 고객들은 겸손을 좋아한다. 요즘에는 이런 자질을 가진 사업가가 드물다. 그런 만큼 더 크게 인정받을 것이다.

3 **성실성으로 봉사하라.** 매사에 성실하고 정직하게 임하라. '전통적인 가치들' 을 실천하고, 긍정적으로 접근하고, 아주 열심히 일하라.

4 **우수성으로 봉사하라.** 모든 서비스의 품질을 최상으로 유지하라. 잘못된 것은 즉시 수정하라. 모든 것을 적어도 3번 이상 검토함으로써 고객에게 제공되는 모든 서비스가 품질면에서 완벽하고 완전무결하도록 하라. 당신이 선택한 사업이 무엇이든지 고객들에게 완벽함으로 봉사하라. 그러면 큰 차이가 날 것이다.

당신은 다른 인위적인 노력보다 이 네 가지 것들을 지키는 데 초점을 맞추어야 한다. 그러면 고객들은 당신을 좋아할 것이고 사업적으로 당신을 존경할 것이다. 그리고 이것은 반복 거래를 창출할 것이다.

당신의 미래를 시각화하는 것은 당신이 만들고자 하는 미래를 규정하기 위한 흥미로운 기회이다. 분명히 이것은 개인적인 과정이다. 당신은 자신의 삶을 위한 비전, 특히 사업을 포함해 당신에게 중요한 삶의 그 모든 측면을 통합하는 비전을 설정해야 한다. 그렇지 않으면 방황만 하면서 남들이 당신의 삶을 규정하도록 방관하게 된다. 당신의 비전을 설정하고 그것의 수행을 뒷받침하는 데는 리더십이 필요하다. 하지만 궁극적인 목표는 당신의 꿈을 성취하는 것이다. 다시 말해 당신이 가고 싶은 곳에, 가고 싶은 방식으로 가고, 충분한 여유 속에서 당신이 원하는 것을 하는 것이다.

다음은 당신이 미래의 삶을 위한 비전을 만들 때 도움이 되는 몇몇 조언들이다.

1. **창업에 필요한 금전적 예산을 현실적으로 규명하고 그런 돈을 마련한 후에 사업을 시작하라.** 이것은 당신이 창업가의 길을 선택했을 경우 아주 중요하다. 당신이 내부창업의 길을 선택했을 경우에도 탄탄한 금전적 계획은 늘 필요하지만, 이 경우에는 기본적인 소득원이 있기 때문에 '초기 자본'을 마련하는 걱정을 상대적으로 덜 수 있다.

2. **창업의 시간표를 마련하고 그것을 고수하라.** 창업가에게 이것은

창업시 마련한 예산과 직접적으로 관련되어 있다. 따라서 당신의 창업 자금은 창업 시간표와 잘 들어맞아야 한다. 당신이 창업가의 길을 택했든 내부창업가의 길을 택했든, 구체적인 시간표로 실적을 평가하고 결과를 측정하는 것은 항상 필요하다. 구체적인 시간표에 맞게 제대로 하지 못할 때는 스스로 이렇게 물어라. "왜 그렇게 못하는 건가?", "무엇을 잘못하고 있는가?", "나의 모델에 어떤 결함이 있는가?" 시간표를 사용해 당신이 설정한 길로 제대로 가고 있는지 확인하라. 원래의 계획대로 가고 있지 못할 때는 즉시 필요한 수정을 하라.

3. **둘 혹은 세 명의 성공한 사업 스승들을 찾아내 조언을 구하라.** 요즘에는 그러지 못하지만 예전에는 도제제도, 즉 스승과 제자의 관계가 일반적인 방식이었다. 많은 사람들이 빠르게 변하는 환경 속에서 스승의 가치를 잊거나 무시하지만 당신은 자신을 위해서라도 몇몇 스승들과 인간관계를 맺어라. 그들의 경험과 충고는 당신의 시간을 절약해줄 수 있다. 그리고 때가 되면 당신도 남들에게 스승이 되어라. 이것도 당신에게 도움이 되는 일이다.

4. **비전을 만들고 그것의 달성을 위한 전략을 수립하라.** 비전이 없으면 당신은 어디로 가고 있는지 알 수 없고 그곳에 가기 위한 전략역시 알 수 없다. 당신이 만드는 비전이 당신이 원하는 미래를 창

조한다. 비전을 설정하려면 진정한 자신이 궁극적으로 원하는 균형적인 삶을 위해 선택한 기회를 통합해야 한다.

5. **당신의 경험을 사색함으로써 배움을 얻어라.** 같은 실수를 되풀이하지 말라. 이런 학습 경험은 당신을 삶과 사업 모두에서 성공의 길로 안내하는 데 도움이 된다.

당신이 설정하는 비전은 당신의 사업 및 삶의 모델에서 핵심적인 중심축이다. 진정한 자신을 아는 것이 토대를 구성한다면, 당신이 선택한 사업 기회는 균형적인 삶을 달성하기 위한 도구 내지 수단이다. 당신이 만드는 비전은 처음의 이 두 원칙을 한데 합쳐 당신의 미래와 당신이 원하는 균형 잡힌 삶을 규정한다(진정한 자신을 바탕으로 올바른 사업 기회를 찾고, 이 둘을 기반으로 미래의 비전을 창출한다. 여기까지가 미래 창조의 인생원칙 1부터 3까지이다).

기억하라!

꿈을 계속 간직하고 있으면 반드시 실현할 때가 온다.

돈은 훌륭한 하인이고 끔찍한 주인이다.
돈은 사업의 성공에서는 훌륭한 척도이지만 전반적인 삶의 성공에서는 끔
직한 기준이다.

- 존 내스빗

돈인가, 성공인가?

돈은 모든 것의 목표가 될 수 없으며, 돈이 많다고 성공하는 것은 결코 아니다. 오히려 돈은 당신에게 즐거운 마음과 개인적 충만감이 없으면 아무것도 아니다. 우리 모두 "돈으로 행복을 살 수는 없다"는 말을 잊고 있는 것 같다. 늘 새 차, 최신 유행의 전자기기, 멋진 휴가 혹은 새로운 집에 대한 광고로 폭격당하고 있고 매일같이 신용카드를 만들라는 제의를 받기 때문이다. 그러나 당신은 금전적인 통제력을 잃지 않으면서 돈이 당신의 삶과 의사결정 과정에서 주된 요인이 되지 않게 해야 한다. 당신이 아는 사람 중에 신용카드로 골머리를 앓고 있거나 늘 사치를 일삼는 사람은 없는가? 그런 유혹에 빠지기는 정말로 쉽다. 절대로 그러지 말라.

끊임없이 더 새롭고, 더 크고, 더 좋은 것을 사려면 점점 더 많은 돈이 있어야 하거나 상당한 빚을 져야만 한다. 그러면 다음과 같은 일이 일어날 것이다. 첫째, 당신은 늘 더 많은 것을 갖기 위해 더 많은 돈을 좇고, 그럼으로써 정말로 중요한 것이 무엇인지 잊게 된다. 둘째, 당신은 빚의 바다에서 헤엄치며 상당한 압박, 좌절, 짜증, 부담을 느끼게 된다. 바람직한 사고를 하는 사람이라면 둘 중에서 어느 것도 바라지 않을 것이다. 그럼에도 당신은 그와 같은 함정에 빠질 수 있다. 이런 함정에 빠지지 않으려면 당신의 욕망을 통제하고 보수적으로 사는 것이 가장 좋다. 이것이 일견 더 힘든 길인 것 같지만, 사실은 그렇지 않다. 그것은 더 쉬울 뿐 아니라 더 충만한 길이기도 하다.

당신의 개인적 및 사업적 삶에 보수적인 경제적 생각을 적용함으로써, 금전으로 인한 스트레스는 줄이고, 삶에서 보다 중요한 의미와 충만함에 초점을 맞추게 된다. 그러므로 중요한 것을 먼저 하라. 당신의 우선순위들을 설정하라. 당신의 사업이나 일자리는 당신이 삶에서 이루고자 하는 다른 것들을 달성하기 위해 필요한 수단임을 기억하라. 그 자체가 목적이 아니라는 말이다.

당신은 주어진 만큼의 시간만을 갖고 있다. 소중한 시간을 돈을 버는 데만 사용하지 말라. 돈은 당신의 모든 욕구를 채워주지 못할 뿐 아니라 생의 여행이 끝날 때 갖고 갈 수도 없다.

통합적이고 균형적인 사업과 삶의 모델에서 한 가지 중요한 측면은 당신의 시간과 돈을 남들을 위해서도 쓰는 것이다. 이것은 당신의 삶에 풍요로움을 보탤 수 있다. 당신의 개인 자금을 통제하여 빚을 지지 않고, 남들을 위해서 돈의 일부를 사용하는 것이야말로 진정한 경제적(금융적) 독립이다.

사업적인 측면에서, 우리는 사람들이 흔히 말하는 '충고', 즉 사업을 해서 돈을 벌려면 3년은 기다려야 한다는 생각을 받아들이지 말라고 얘기하고 싶다. 누가 3년이나 돈을 잃고 싶겠는가? 혹은 그럴 여유가 있겠는가? 우리는 그런 사람들 속에 속하지 않았으며 당신도 그런 그룹에 속하지 않기를 바란다.

우리 회사는 처음부터 수익을 올렸다. 당신도 처음부터 돈을 버는 계획을 짜라. 다시 말해, 당신이 고른 기회 속으로 뛰어들기 전에 현금 보유를 확보하고 개인적인 부채를 제한하라. 엄청난 빚을 지고 사업을 시작하지 말

라. 창업을 위한 예산을 짜고 시간표를 마련해 필요한 매출 수준을 달성하라. 당신의 현금 보유는 적어도 이 시기를 무사히 넘길 수 있어야 한다. 따라서 세심하게 계획을 짜라. 일이 시간표에 따라 진행되지 않을 때, 손해를 보는 사업을 유지하기 위해 빚을 지지 말라. 결국에는 더 많은 빚을 지게 될 뿐이다. 대신 당신의 사업분야에서의 스승(mentor) 및 자문위원회에 조언을 구하고, 시간을 내서 사색하고, 당신의 목표를 수정하라. 당신의 궁극적인 목표는 개인적, 사업적으로 빚을 지지 않는 것이다. 그래야 진정한 독립을 이룰 수 있다.

보수적인 삶을 영위하면, 당신은 금전적으로 건실하게 사업을 시작할 수 있고, 사업에서 나오는 현금 흐름을 사용해 추가적인 투자는 물론 남들을 도울 수도 있다.

경제적으로 균형을 유지하라 

돈에 대한 더 많은 욕심이 당신의 삶을 통제해서는 안된다. 더 많은 돈을 좇으면 당신의 에너지는 소모되고 당신은 일에만 초점을 맞추게 된다.

나(제임스)는 일하던 회사를 그만두고 사업을 시작하려 했을 때 꽤 '괜찮은 봉급'을 받고 있었다. 나는 모든 청구서의 금액을 즉시 지불했고, 가족과 함께 1년 동안 두 차례 휴가를 떠났고, 일부 자금은 내가 다니던 회사의 은퇴연금에 투자했다. 그래서 컨설팅 회사를 차렸을 때 수입이 그 정도의 봉급 수준이면 충분하다고 생각했다.

이윽고 사업의 첫해가 끝날 무렵 나는 전에 받던 봉급보다 더 많은 수입을 올렸다. 그 결과 우리는 꽤 괜찮은 생활을 할 수 있었다. 매년 내가 집에 갖고 가는 돈도 배로 늘었다. 그것은 아내와 내가 꿈꾸었던 것보다 더 많은 수입으로, 내 목표는 아니었어도 멋졌다.

그러나 내가 사업을 하는 궁극적인 목표는 많은 돈을 버는 것이 아니라 독립적이 되는 것이었다. 내가 하고 싶은 것을, 원하는 곳에서 하고, 그 과정에서 우수성을 추구하는 것 말이다.

다행히도 나는 보수적인 삶을 살았다. 소득은 크게 높아졌어도 지출은 거의 같은 수준을 유지했던 것이다. 그래서 개인적인 빚을 모두 갚은 후에도 상당한 현금을 보유할 수 있었다(내가 확보한 현금은 무려 5년치의 생활비에 해당했다). 그 외의 나머지는 블루칩 뮤추얼펀드, 주식,

부동산에 투자했다.

물론 모두가 이렇게 운이 좋지는 않을 것이다. 하지만 보수적으로 살면서 가능한 한 빨리 저축을 하면 상당한 경제적 안정을 달성하고 많은 압박에서 벗어날 수 있다. 이것은 분명히 성공의 밝은 측면이다.

우리의 사업에서 한 가지 단점은 일주일에 이틀 출장 갔던 것이 금방 사나흘로 늘었고 토요일에도 수많은 우편물과 중요한 관리업무를 다루어야 한다는 점이었다. 갑자기 사업 말고는 삶의 다른 측면을 생각할 여유가 없었다. 아내들은 우리와 함께하는 시간이 줄었다고 불평했고, 우리는 집에 와서도 가족이 아닌 일에 초점을 맞추었다. 우리가 생각해왔던 일과 가족의 균형은 어떻게 된 것인가? 우리는 아쉬웠지만 사업적으로 성공하려면 어쩔 수 없는 대가라고 생각했다. 어쨌거나 우리는 힘든 노동의 과실을 즐기고 있었다. 소득도 커졌고, 회사도 커졌고, 그런 발전에서 비롯되는 흥분감도 커졌다. 그러던 어느 날, 우리 회사에서 아주 똑똑하고 장래가 유망한 젊은 직원이 회사를 그만두었다. 마지막 면담에서 그 직원은 보다 '균형적인 가족생활'을 원한다고 얘기했었다. 부끄럽게도 우리는 그 젊은 직원의 사표를 받고 나서야 세 가지 교훈을 힘들게 배웠다.

1 당신의 욕심(greed)이 아닌 욕구(need)에 바탕해 봉급을
통제하라. 가족의 욕구를 충족하는 봉급 수준을 설
정하라. 여기에는 예산에 의한 모든 생활비, 1년
동안 주는 선물, 그리고 가족 휴가 등이 모두 포함
되어야 한다. 예산을 너무 높거나 너무 낮게 정하
지 말라. 연말에 받는 상여금은 현금 보유, 유가증
권 투자, 부동산 투자 등에 사용하고 삶의 수준을
높이는 데 사용하지 말라.

당신의 사업과 가족의 생활을 균형 잡아라. 사업상
출장을 가야 한다면 허용되는 최대한의 시간을 설
정하고 한계시간 역시 설정하라. 해야 할 모든 일
을 할 필요는 없다. 대신 당신이 가장 잘 하는 것만
을 받아들여라. 그러면 청구서도 지불할 수 있고
고객도 크게 만족시킬 수 있으며, 늘 일만 하지 않
고 가족과 함께 시간을 보낼 수 있을 것이다. 당신
이 가족과 보내는 시간은 소중한 것이다. 당신의
개인적인 삶을 균형 잡는 일은 당신의 가치를 반영
하는 사업을 성공적으로 운영하는 열쇠다.

2 돈을 더 버는 것과 삶을 단순화시키는 것을 균형 잡아라.
자신의 욕구(need)를 돈을 더 버는 것으로 해결하
는 사람은 늘 그 길을 따르면서 돈이 더 필요할 때
더 많이 번다. 반면 알뜰하게 예산을 짜는 것으로
자신의 욕구(need)를 통제하는 사람은 늘 허리띠
를 졸라매 더 적은 돈으로 더 많은 것을 하면서 지
출을 세심하게 지켜본다.

돈을 더 벌어 자신의 경제적 문제를 해결하는 사람
은 예산을 짜는 법과 더 적은 돈으로 더 많이 함으
로써 단순화하는 법을 배워야 한다. 반면 한 푼이
라도 아껴 자신의 경제적 문제를 해결하는 사람은
돈을 더 많이 버는 법을 배워야 한다. 일반적으로
우리의 강점은 약점이 될 수 있는데, 다른 원칙을
배움으로써 삶을 균형 잡을 수 있고 새로운 삶의
방식을 발견할 수 있다.

3 분수에 맞는 보수적인 삶을 살아라. 분수에 맞는 삶은
경제적인 압박을 줄여준다. 단일 소득자 가정도 그
렇고 맞벌이 부부 가정도 그러한데, 요즘에는 맞벌
이 가정이 꽤 흔하기 때문에 분수에 맞게 살면 남편
과 아내 모두 경제적인 압박에서 벗어날 수 있다.

그리고 그와 같은 절약이 가져오는 이점은 상당히 클 수 있다. 경제적으로 여유가 생기면, 맞벌이를 하는 아내가 전업주부가 됨으로써 아이들을 더 잘 키울 수 있고 매달 모든 지출을 제하고 남는 여분의 소득은 저축과 투자도 할 수 있다. 또 사랑하는 당신의 배우자와 자주 외식을 할 수 있고, 아이들과 더 많은 시간을 보낼 수 있고, 집을 장식할 예쁜 꽃을 살 수 있고, 어려움에 처한 친구를 도울 수 있으며 청구서 지불을 걱정할 필요가 없다.

우리와 친구로 지내는 어떤 젊은 부부는 첫아이를 갖고 난 후 엄마가 일을 그만두고 육아에만 전념하기로 결심했다. 두 사람은 예산을 짜 그 한도 내에서 살았다. 재능이 많은 미술가였던 아내는 시간이 날 때마다 집에서 자신의 재능을 살렸다. 그렇지만 두 사람은 우선순위를 잘 정해 아내의 미술 활동이 가족 생활에 방해가 되지 않게 했다.

여러 해 동안 그들은 작지만 예쁘게 장식한 셋집에서 살았고 차도 비교적 낡은 차를 몰았다. 두 사람의 승용차는 동년배의 다른 맞벌이 부부가 타고 다니는 차보다 몇 년은 더 낡은 것이었다. 하지만 바로 그것이 차이였다. 대신 그 아내는 늘 집에 있었고 남편 및 아이와의 관계는 늘 평화롭고 안정되었다. 이것이 두 사람이 맞벌이를 하는 다른 가정들과 크게 다른 점이었다. 두 사람이 모두 일하는 맞벌이 가정은 대체적으로 바쁘고 어지러우며, 아이들은 엄마 아빠의 사랑을 제대로 받지 못한다.

결혼한 지 10년쯤 되었을 때, 이들 부부는 전에 사두었던 땅에 꿈에 그리던 집을 짓기 시작했다. 보수적으로 살면 당신의 물질적인 꿈을 실현하는 데 약간 더 오래 걸릴 수도 있다. 하지만 그럼으로써 가능한 평화로운 여정은 그런 기다림을 충분히 값어치 있는 것으로 만든다.

한편 우리는 그동안 사업 소유주가 분수에 맞게 살지 않아서 사업이 금방 망한 경우들도 보았다. 분수에 맞지 않게 살면 그 결과는 아주 끔찍할 수 있다.

우리는(셈라덱 가족) 여러 해 동안 작은 마을에 살았다. 그러던 어느 날 우리가 아는 어떤 가족이 식당을 개업했다. 그 식당은 처음부터 장사가 아주 잘 되었다. 늘 사람들로 붐볐고, 적어도 반 시간은 기다려야 탁자를 차지할 수 있었다. 사람들은 그곳의 음식과 분위기를 너무나도 좋아했다.

그러자 주인의 생활방식은 즉시 바뀌었다. 그들은 타고 다니던 차를 팔고 고급 승용차를 구입했다. 그리고 집도 부자 동네의 훨씬 더 큰 집으로 이사했다. 결국 이 가족은 1년도 안 돼 개인파산을 신청했다.

만일 이 가족이 보수적인 생활방식을 유지했다면, 그리고 수익을 저축해 현금을 보유함으로써 만일의 사태에 대비하고 그 사업이나 다른 좋은 사업에 재투자했더라면, 결과는 상당히 달랐을 것이다. 왜냐하면 그 식당은 적절한 가격에 상당히 맛난 음식을 좋은 분위기에서 제공했기 때문이다. 고객들은 그 식당이 문을 닫았을 때 크게 실망했다.

사람들은 종종 사업이 성공하기 시작할 때 원칙 4를 위반한다. 그런 사실을 알면 당신의 상황은 극적으로 달라질 수 있다. 이외에도 사업의 실패 이유에 대한 다른 예들이 많다. 하지만 그보다 더 중요한 것은 사업이 어떻게 성공하는지를 아는 일이다.

헨리 데이빗 소로우는 자신의 책 《월든(Walden)》에서 이렇게 적고 있다. "대부분의 사람들은 조용히 필사적인 삶을 살고 있다. 삶에서 정말로 필요하고 중요한 것은 무엇인가? 철학자가 되는 것은 단지 깊은 생각에 잠기거나 학교를 세우기 위해서가 아니다. 그것은 삶의 지혜를 깨달아 그에 맞게 살고, 단순성, 독립성, 장엄함, 신뢰의 삶을 사는 것이다. 그것은 삶의 일부 문제들을 실제적으로 해결하는 것이다."

한 일본 기업의 회장은 60억 달러 가치의 회사를 키웠고 재산이 5,000만 달러가 넘지만, 타고 다니는 차는 10년 된 혼다이고 사는 곳은 1964년부터 살아온 산호세의 평범한 주택이다. 그는 일본 사람들이 말하는 시부이(Shibui)라는 개념의 표본인데, 이것은 검소함과 어느 한쪽으로 치우치지 않는 중용을 가리킨다.

분수에 맞게 보수적으로 살면 경제적 압박에서 자유로운 삶이 가능하고 정신적으로도 독립적인 삶을 살 수 있다. 이어 우리는 자유로운 생각과 활력으로 깊고 의미 있는 인간관계를 개발하고, 우리 자신과 가족에게 중요한 삶의 가치들에 초점을 맞출 수 있다.

누구에게도 빚을 지지 말라 

우리는 어떤 빚도 없을 때 개인적인 삶과 사업적인 삶 모두에서 아주 자유로운 해방감을 만끽할 수 있다. 이것은 간단하지만 아주 강력한 철학이다. 그럼에도 그와 같은 해방감을 아는 사람이 그렇게도 드문 이유는 그것을 경험한 사람들이 거의 없기 때문이다. 빚이 없는 개인, 가족 혹은 사업은 엄청난 압박감에서 벗어날 수 있다. 이것은 특히 당신이 살면서 한동안 많은 빚을 져본 경험이 있을 때 더욱 그러하다. 누구에게도 빚을 지지 않을 때 느끼는 해방감보다 더 큰 해방감도 별로 없다. 일단 그와 같은 해방감을 맛본 후에는 다시 또 빚을 지지 않도록 조심해야 한다. 이 간단하지만 강력한 철학을 창업 과정에 적용하라. 다음의 세 가지 지침을 지켜라.

1 빚 없이 사업을 시작하라. 그것은 불가능하다고 당신은 말한다. 하지만 사실은 그렇지 않다. 당신은 계

획과 준비를 하고 자본집약적이 아닌 사업을 선택
해야 한다. 당신이 선택한 사업을 시작하기 전에
창업의 예산에 해당하는 돈을 저축하라. 그렇게 해
서 모든 장비를 현금으로 지불하고 사업이 정상 궤
도에 오를 때까지 생활비를 충당하라.

가령 당신의 저축계좌에 2만 3,500달러의 현금이
있다 하자. 사업을 시작하면서 작은 사무실을 임차
하고, 전화 및 팩스 회선을 가동하고, 컴퓨터, 사무
실 가구, 집기, 핸드폰, 그밖에 다른 물건을 사는
데 2만 달러의 돈을 썼다. 그러면 당신에게는 이제
3,500달러의 현금이 남는다. 다행히도 당신에게는
전에 일하던 회사에서 명예퇴직 보상금으로 받은
상당한 금액의 현금이 있다. 그래서 모든 생활비를
충당하면서 사업을 시작할 수 있었다.

이제 당신은 컨설팅 계약을 하나라도 따면 상당한
액수의 미수금으로 당신의 미수금 계정을 채우기
시작한다. 그리고 30~45일 안에 그런 미수금은 현
금으로 결제된다. 당신은 이미 생활비를 충당하고
있기 때문에, 이런 현금을 사용해 사업의 어려운
때에 대비하고 현금 할인이 가능한 경우에 그런

혜택을 받을 수도 있다. 이렇게 빚을 지지 않고도 사업의 상당 부분을 정상 궤도에 올려놓는 것은 정말로 기분 좋은 일이다. 빚 없이 사업을 시작하는 것은 가능한 일이며, 일단 성공하면 당신은 탄력성과 자유를 얻어 사업을 한층 더 발전시킬 수 있다. 빚이 없으면 또 개인의 금전적 고통도 줄일 수 있다.

2 **3년을 손해를 봐야 돈을 벌 수 있다는 말을 수긍하지 말라.** 3년은 손해를 봐야만 한다는 잘못된 생각 때문에, 많은 창업가들은 애초에 시작하지 말았어야 할 사업을 시작하곤 한다. 3년은 지나야 제대로 궤도에 올라 생활비를 벌 수 있는 사업이라면, 당신이 활동하는 시장은 너무 작은 시장일 가능성이 높다. 당신이 사업을 시작하는 분야는 성장하는 시장으로서, 많은 잠재적 고객들의 욕구를 충족시켜야 한다. 그래야만 필요한 손익분기점을 어렵지 않게 달성할 수 있다.

3 **사업을 계속하기 위해 빚을 지지 말라.** 그 사업에서 수익이 나오지 않으면 철수하라. 절대로 빚을 지지 말라. 케니 로저스가 불러서 유명해진 노래에 이런

가사가 있다. "당신은 언제 붙잡고 언제 놔줄지 알아야만 한다." 많은 사업가들이 파산하는 이유는 경제적으로 어려우면서도 금전적으로 의미가 없는 비수익 사업을 붙잡곤 하기 때문이다. 당신이 절대로 빚을 지지 않겠다는 선을 그을 때 파산에 대해 걱정할 필요가 없을 것이다. 왜냐하면 빚을 지기 전에 문을 닫을 것이기 때문이다. 이런 규칙을 지키면 애초에 빚을 지지 않음으로써 미래의 많은 불행을 막을 수 있다.

우리는 컨설팅 사업을 시작했을 때 이런 개념을 시험하는 경험을 했다. 우리는 상당한 금액의 현금을 보유하고 있었고, 이 현금은 사업을 시작하는 데 아주 중요한 것이었다. 우리가 예상했던 주요 컨설팅 계약이 현실화되지 않았기 때문이었다. 거의 4개월 동안 새로운 사업은 전혀 없었고, 우리는 현금 보유를 모두 써버렸으며, 심지어는 한 달치 봉급을 제끼기도 했다. 마침내 우리는 이렇게 얘기했다. "현금이 완전히 바닥나기 전에 새로운 일이 들어오지 않으면 문을 닫을 것이다." 다행히도 우리는 곧 계약을 따냈고, 그 후 늘 강력한 현금 흐름을 창출했다. 그때의 경험이 우리에게 가르친 것은, 적어도 6개월 정도는 버틸 사업 자금이 있어야만 어려운 시절을 극복하고 사업을 계속할 수 있다는 점이다.

빚을 지지 않는다는 철학을 채택하면 또 다른 주요 혜택이 있다. 먼저 당신의 현금 흐름이 긍정적인 영향을 받고 당신 역시 아주 독립적으로 행동하고 느낄 수 있다.

일단 빚을 지지 않게 되면 그런 상태로 있겠다는 욕망이 아주 강해져 당신의 사업에서 몇 가지 긍정적인 일이 일어난다. 상당한 현금을 축적하기 시작해 자동차 같은 큰 물건도 현금으로 살 수가 있다. 또 사업에 대한 자금계획을 세울 때 한층 더 먼 곳을 바라보기 시작해 돈이 떨어지기 훨씬 전에 행동을 취하게 된다. 이와 같은 장기적인 자금계획은 당신의 회사가 빚을 지지 않게 한다. 당신은 리스, 장비, 그밖에 공급품들을 선불로 지불함으로써 당신의 회사를 보다 수익적으로 만들 수 있다. 그렇게 하면 선불 지불의 할인을 받을 수 있고 이자 비용을 피할 수 있기 때문이다.

빚을 지지 않는 것은 진정한 독립의 열쇠다. 빚을 지지 않고 선불로 지불할 수 있다면 (혹은 적어도 필요한 액수의 현금을 보유할 수 있다면) 간접비 비중이 낮아져 많은 운영비 절감을 꾀할 수 있다. 그러면 당신은 객관적으로, 독립적으로 그리고 사려깊은 방식으로 생각할 수 있다. 또 빚이 없거나 보수적인 생활을 함으로써 합리적인 경제생활을 영구화할 수 있는데, 이것도 당신의 독립성을 높인다.

합리적인 경제적 사고는 경영진이 '황금알을 낳는' 사업 내지 부속사업을 찾도록 도와준다. 이를테면 특정한 과업을 완수했을 때 보너스를 받거나, 장기적으로 오를 가능성이 높은 주식 혹은 뮤추얼 펀드에 투자하거나, 사업 운영비용을 사업주를 위한 투자로 바꾸는 기회 등이다. 가령 당신은 회사가 사용하는 사무실 부동산을 개인적으로 소유해 회사의 임대료 지급이 당신을 위한 것이 되게 할 수 있다. 그러면 당신은 개인적인 재산을 늘리면서 감가상각의 기회도 활용할 수 있다.

자금 면에서의 여유는 당신에게 장기적, 객관적인 사고 또는 생활의 여유를 주는데, 당신은 어느 쪽이든 원하는 대로 할 수 있다.

시간과 돈을 좋은 곳에 쓴다

지금까지 우리는 당신의 사업에 대해서 많은 얘기를 했다. 그러니까 어떻게 하면 수익을 내고 어떻게 하면 청구서를 제대로 지불하고 보수적인 삶을 사는가 등의 얘기였다. 하지만 인생의 의미는 돈을 버는 것에만 있지 않다. 사실 의미 있는 삶을 살려면 당신은 더 많은 것을 할 수 있어야 한다. 당신의 시간과 돈 중 일정부분은 당신의 사업에 사용되고, 또 다른 부분은 개인적인 욕구에 사용된다. 그렇다면 나머지는 어떻게 하겠는가? 그것은 다른 사람들을 위해 사용하는 것이다. 다음과 같은 두 가지 균형 원칙이 당신과 당신이 사는 세상을 풍요롭게 한다.

1 **당신의 돈을 좋은 곳에 써라.** 우리는 회사를 설립했을 때 총수입의 10%는 따로 떼어 필요한 개인이나 단체를 돕겠다고 결심했다. 그렇다고 반드시 세금

이 공제되는 곳에만 쓰겠다는 것은 아니었다. 우리가 보기에 도움이 필요한 곳이면 어디든지 도울 생각이었다.

우리는 어려움에 처한 사람들을 도왔고, 목사님들에게 활력과 힘을 주었으며, 돈이 없어서 상담을 받지 못하는 사람들에게 상담 서비스를 제공했다. 또 선교사들을 지원했고, 암으로 죽어가면서 죽기 전에 꼭 울타리가 만들어지는 것을 보고 싶어했던 착한 사람을 위해 울타리를 만들어 주었고, 그밖에 여러 가지 일을 했다. 한번은 어떤 목사님이 집을 소유하도록 돕기도 했는데, 그분에게는 저축한 돈이 없었기 때문에 그 목표는 불가능해 보였다. 그 목사님은 그동안 저축한 돈을 모두 개척교회를 세우면서 생활비로 사용했다. 우리는 그 분이 꿈에 그리던 아름다운 집을 사도록 도왔다. 사람들이 꿈을 달성하도록 돕는 것은 정말로 보람 있는 일이다.

브루스 라슨은 이렇게 얘기했다. "돈은 사실 그리스도가 걷고자 하는 곳을 걷도록 해주는 또 하나의 발이다. 나아가 세상의 곤궁한 사람들을 치유하고,

먹이고, 축복하는 또 하나의 손이다. 다시 말해, 돈은 나의 또 다른 자아다. 내가 시간이 없어 가지 못하는 곳을 내 대신 가서 치유하고, 축복하고, 먹이고, 도울 수 있다. 돈은 우리 자신의 신념을 확장시킨다."

당신 회사의 수입 가운데 일부를 따로 떼어 곤경에 처한 사람에게 주는 일은 그것을 받는 사람들에게 힘이 될 뿐 아니라 그것을 주는 사람에게도 엄청난 축복이 된다. 남을 돕는 일은 우리의 신념을 확대하는 한편 남의 욕구를 알아내 충족시키는 데 초점을 맞추도록 한다.

만일 모든 사업가가 정기적으로 돈을 따로 떼어내 남들을 돕는 데 사용한다면, 세상은 달라질 것이다. 물론 당신은 축복을 받기 위해 도움을 주어서는 안 된다. 그렇지만 당신은 틀림없이 엄청난 축복을 받을 것이다. 적어도 우리는 그런 축복을 받았다. 우리의 사업이 성공한 것과 우리 회사가 처음부터 늘 총수입의 10%를 남을 돕는 데 사용한 것 사이에 어떤 상관관계가 있는지 우리는 알지 못한다. 하지만 우리 회사는 빠르게 성장했고, 늘 수익을 올렸고,

모든 구성원들에게 금전적인 보상을 제공했다. 돈을 좋은 곳에 사용하면 남에게 심오한 영향을 끼칠 수 있고, 궁극적으로는 당신에게도 개인적인 가치들과 관련해 심오한 영향을 끼칠 수 있다.

2 **당신의 시간을 좋은 곳에 써라.** 시간은 아주 소중한 자원이다. 그것은 돈보다도 훨씬 더 중요한 자원이므로 우리가 남을 돕는 데 그 일부를 사용한다면, 우리가 사는 공동체와 세상에 매우 강력하고 긍정적인 영향을 끼칠 것이다.

당신의 사업이 충분한 수입을 올리기 시작할 때, 당신은 시간의 일부를 여유 있게 남을 돕는 데 사용할 수 있다. 당신의 재능, 강점, 약점을 상기하라. 그리고 그런 강점들을 사용해 남을 돕는 방법을 알아보라.

예를 들어 당신이 무언가 새로 하는 것에 재미를 느끼는 사람이라면, 일반적인 교과과정뿐 아니라 성품까지 가르치는 데 초점을 맞추는 새로운 사립학교의 설립에 도움을 줄 수도 있다.

당신의 강점과 재능을 사용해 다른 사람들에게 혜택을 줄 수 있는 길은 이외에도 많이 있다. 주위를 살펴라. 당신의 관심을 강하게 끌거나 열정을 느끼는 것이 있는지 찾아보라. 그리고 나름의 시간을 그 일을 하는 데 할애하라.

여기서 열쇠는 너무 많은 활동을 함으로써 당신의 삶이 균형에서 벗어나지 않게 하는 것이다. 당신의 '열정'을 사용해 다른 사람들의 삶을 바꿀 수 있는 하나의 활동을 선택하라.

우리 사회의 일반적인 믿음이나 바람과 달리, 돈은 당신에게 진정한 성공이나 행복을 보장하지 못한다. 당신은 금전적으로 아주 높은 성취를 하고서도 비참해질 수 있다. 돈을 벌어 결과가 좋을 때는 돈에 대한 당신의 태도가 올바를 때뿐이다. 돈과 물질적 재산에 대한 유혹을 뿌리치고 삶에서 정말로 중요하고 의미있는 것들에 초점을 맞추어야 한다.

약간의 자기 통제와 금융과 관련된 일반상식은 큰 도움이 된다. 보수적으로 살면서, 당신이 버는 것보다 적게 써라. 매일매일을 즐기고, 시간을 내서 장미 향기를 맡고, 돈을 더 벌기 위해 늘 일만 해야 한다는 압박감에서 벗어나라. 여정을 즐기면서 정말로 충만한 삶을 창조하라.

만일 당신이 스스로 사업을 시작하기로 결심했다면, 빚을 지면서 시작하지 말고 손해를 보는 사업에 매달리지 말라. 당신이 선택하는 사업은 보수적인 삶을 지원하는 데 필요한 그 모든 비용들을 지불할 수 있어야 한다. 하지만 삶의 의미는 돈을 모으는 것에만 있지 않다. 당신의 자원으로 더 많은 것을 하면서 정말로 의미 있는 삶을 살아야 한다. 당신은 시간과 돈의 일정 부분을 사업에 쓰고, 또 다른 부분은 자신의 욕구에 쓰고, 나머지는 다른 사람들을 돕는 데 사용해야 한다. 돈이 들어오기 시작할 때 그냥 마구 소비하지 말라. 예산에 따라 살면서, 빚을 없애고, 현금 보유를 늘리되, 미래를 위해(은퇴나 미래의 계획을 위해) 현명하게 투자하고, 다른 사람들을 도와라.

돈을 가지고 다른 사람들을 돕는 것 외에, 나름의 시간도 투자해야 한다. 당신은 시간과 돈을 좋은 곳에 쓸 때 정말로 풍요로운 삶을 살 수 있다. 사업과 돈은 우리 모두에게 중요한 것이지만, 그것들은 목표를 위한 수단을 제공할 뿐이다. 돈, 그 자체만을 위해 돈을 추구하는 자세를 피하고 돈과 시간을 남을 돕는 데도 사용한다면 당신의 삶은 극적으로 바뀔 것이다.

땅에서 가까운 곳에 살고, 늘 단순하게 생각하고,
공정하고 관대하게 갈등을 처리하고, 자신이 좋아하는 일을 하고, 완전히 현
재 속에서 살아라.

- 《도덕경》에서

일과 가족을 통합하라

가족을 희생시키는 성공은 실패다. 사업은 중요하지만 가장 중요한 것은 아니다. 돈과 성공을 좇느라 너무 바쁘게 일하며 가족을 등한시할 때 당신의 인생은 실패한 것이다. 이와 같은 '일중독'은 돈에 매달리는 것 못지않게 매우 흔하다.

여러 해 동안 우리는 지나친 사업 목표의 추구 때문에 많은 가족들이 망가지는 것을 목격했다. 우리는 늘 아주 직업적이고, 유능하고, 성취욕이 강한 사람들과 일을 했다. 그들에게 사업 목표는 종종 배우자 및 가족과의 관계보다 훨씬 더 우선시되었고, 그 결과 이들은 나중에 그 반대가 되었어야 함을 깨닫곤 했다. 올바른 사업의 시작은 '성공적인 사업'만이 아닌 '성공적인 삶'에 심오한 영향을 줄 수 있다. 하지만 사업을 올바르게 한다는 것은 과연 무엇을 의미할까?

일과 가족의 통합은 매우 까다롭다. 조금이라도 한쪽에 치우치면 아주 위험한 결과가 나올 수 있기 때문이다. 그러나 쉽지 않지만 둘이 아닌 하나의 삶을 창조하는 멋진 기회이기도 하다. 당신은 늘 이 점에 신경을 쓰면서 올바른 삶의 균형을 찾게 되면 그것을 유지해야 한다. 요컨대 '올바르다'의 규정을 한마디로 정의하기는 어렵지만, 이를 위해 당신은 우선적으로 창업가 혹은 '내부창업가'로서 당신에게 맞는 것을 알아내야 한다.

그것은 둘이 아닌 하나의 삶이다 

당신의 우선순위를 바르게 정하라. 당신의 가족이 첫 번째 우선순위이고 사업은 그 다음임을 명심하라. 그와 같은 우선순위를 보여주는 작은 것들을 실천하라. 이를테면 당신이 사업으로 바쁠 때라도 가족의 전화를 받고, 사업으로 한창 정신이 없을 때라도 가족에게 관심을 보이고, 가족 중 누군가가 중요한 개인적 문제를 다룰 때 그에게 전화를 거는 일 등이다.

이런 작은 일들은 당신의 가족에게 그들이 당신의 사업활동보다 더 앞에 있음을 말이 아닌 행동으로 보여준다. 매주마다 매일 당신의 가족을 위해 시간을 마련하라. 당신은 자신의 사업을 하고 있다. 따라서 사업 외적인 가족의 중요한 활동을 위해 시간을 마련하는 것은 가능한 일이다. 어쨌거나 당신이 애초에 사업을 시작한 것은 바로 그렇게 하기 위해서가 아닌가.

리처드 칼슨은 《사랑하는 가족을 위한 101가지 이야기(Don't Sweet The Small Stuff with Your Family)》에서 아주 멋진 조언을 한다. "당신의 가슴으로 살아라. 당신과 가족을 위한 진정한 삶을 살아라. 당신이 조용히 앉아 귀를 기울일 때 들리는 내부의 조용한 목소리를 믿어라……. 나는 내가 가야 할 길을 가고 있는가? 아니면 그냥 늘 그런 식으로 살았거나 다른 사람들의 기대에 맞추기 위해 살고 있는가? 당신의 가슴으로 사는 것은 내적인 평화와 개인적인 성장을 이루는 비결의 하나다. 그것은 당신이 더 친절하고 더 참을성 있는 사람이 되게 해준다. 한번 해보라. 당신은 놀랄 것이고 큰 깨달음을 얻을 것이다."

리처드 칼슨은 그의 또 다른 책 《우리는 사소한 것에 목숨을 건다(Don't Sweat The Small Stuff)》에서 이렇게 조언한다. "부드럽고 여유로운 사람은 모든 면에서 크게 성취할 수 있다."

우리는 종종 매순간 사업에 집중하지 않으면 목표를 달성하지 못하고 나태한 사람이 된다고 느낀다. 하지만 사실은 그렇지 않다. 여유롭게 살면서 가족의 욕구를 사업의 욕구와 통합하면 결과는 끔찍하지 않다. 오히려 그것은 우리가 사업을 성공적으로 운영하고 가족 생활을 성공적으로 영위하도록 돕는다. 일부 저명한 중역 스카우터들은 가정에서의 성공이 일터에서의 성공에 기여한다고 결론짓고 있다.

이처럼 '여유롭게 사는 것'은 뜨거운 열정이 있는 사람들에게 힘든 일일 수도 있다. 창업가들은 열심히 일하는 데 익숙하고 무언가를 성취하기 위해 집중하는 경향이 있다. 그렇지만 당신은 여유롭게 살면서도 성공할 수 있다. 균형을 기할 수 있는 당신의 능력을 믿어라. 그렇지 않으면 사업은 성공할지 몰라도 충만한 삶은 살지 못할 수가 있다. 혹은 삶의 보다 깊고 풍부한 의미는 경험하지 못할 수가 있다.

지금까지 우리는 여유로운 자세가 우리 자신의 내적인 개성, 자연적인 성향 그리고 내부적인 근로윤리와 다소 어긋난다고 생각했다. 그럼에도 불구하고 우리는 일과 가족을 통합하는 것이 가능한 일임을 알게 되었다.

우리는 사업적인 삶과 가족적인 삶을 어느 정도까지 통합할 수 있을까?

일반적인 사회에서 사업과 가족은 대개 분리되어 있다. 당신이 큰 다국적 기업에서 일한다면 월요일에 출근했을 때를 떠올려보라. 주말은 어땠느냐고 묻더니, 당신이 미처 대답하기 전에 그날 할 일을 의논하기 시작하는 상사…… . 많이 듣던 얘기인가? 거기에 가족이나 그밖에 사업 외적인 문제에 대한 관심은 없다. 모든 것이

전통적인 사업환경

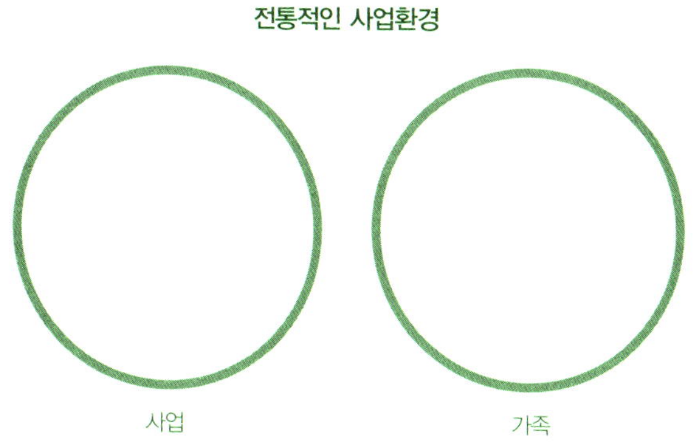

처리해야 할 일에만 집중되어 있다.

따라서 당신은 사업과 가족을 좀처럼 통합하지 못한다. 대체적으로 이런 환경 속에서 사업과 가족은 완전히 분리되어 있다. 마치 당신은 하나가 아닌 둘의 삶을 살고 있는 것만 같다

이제 이와 같은 전통적 구분은 줄어들고 있으며 상황도 나아지고 있다. 불가피한 세계화 추세 속에서, 기업들은 어쩔 수 없이 원거리 통근, 탄력적인 업무시간, 가족 휴가, 직장 내 탁아시설 설치 등을 시행하고 있다. 그러나 이 중 어느 것도 당신이 창업가로서 살아가며 누리는 것보다 낫지 않다.

자연스런 통합 

창업은 사업과 가족의 자연스런 통합을 가능케 한다. 대체로 당신은 창업을 할 때 사업과 가족을 더 잘 통합할 수 있다. 이것은 다음 그림에 잘 나타나 있다.

무엇이 이 자연스런 통합에 기여하는가? 창업가로서의 당신은 재택근무를 하고 더 탄력적인 일정 속에서 일

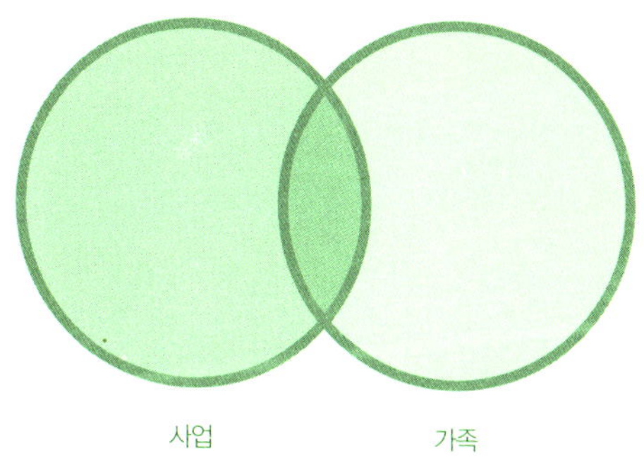

할 수 있다. 가령 당신은 배우자와 자주 한가롭게 점심을 먹을 수 있다. 또 당신의 아이들이 아직 학교에 다니지 않는다면, 정기적으로 더 자연스럽게 아이들과 어울릴 수 있다.

이 단계는 우리가 창업의 혜택이 정말로 있고 그것이 균형적인 삶에 도움이 됨을 인식하는 첫 단계다. 생각해 보라. 출근과 퇴근을 하는 데 1시간씩 쓸 필요가 없고, 배우자와 함께 일찍 저녁을 먹을 수 있으며, 기분이 내키면 아이들과 느지막이 아침을 먹을 수도 있다. 가족과 잠시 산책을 하면 머리가 맑아지는 데 도움이 된다. 그리고 이와 같은 즐거운 시간들은 당신의 가족 생활과 사업 생활 모두를 개선시킨다.

창업가가 되면 사업과 가족 활동을 통합하는 일부 자연스런 기회를 매일같이 얻게 된다. 하지만 이와 같은 통합을 그냥 우연에 맡기지 않고 보다 계획적이고 의미 있는 현실로 만드는 데 초점을 맞춤으로써 훨씬 더 나은 삶을 살 수 있다.

사업과 가족의 이상적인 통합은 분명 개인적인 문제로서, 각자의 소망이나 상황에 따라 다양하게 나타난다. 당신이 바라는 정도의 통합을 위한 기회는 당신이 하는 사업의 단계마다 다르게 나타날 수 있다. 예컨대 사업을 시작해 그것을 어느 정도 수준의 궤도에 올려놓기까지는 매우 바쁘므로, 당신이 할 수 있는 최상은 가능한 한 빨리 하도록 애쓰는 것이다. 하지만 그렇다 해도 가족의 중요성을 잊어서는 안 된다. 하루 중에 가족을 위한 추가적인 시간이 전혀 없을 것 같을 때도 시간을 마련하라. 아울러 아주 바쁜 창업 초기에는 나름의 시간적인 제한을 설정하라.

물론 창업 초기의 노력은 대부분의 창업가들에게 '도저히 피할 수 없는 것' 일지도 모른다. 하지만 그러지 않

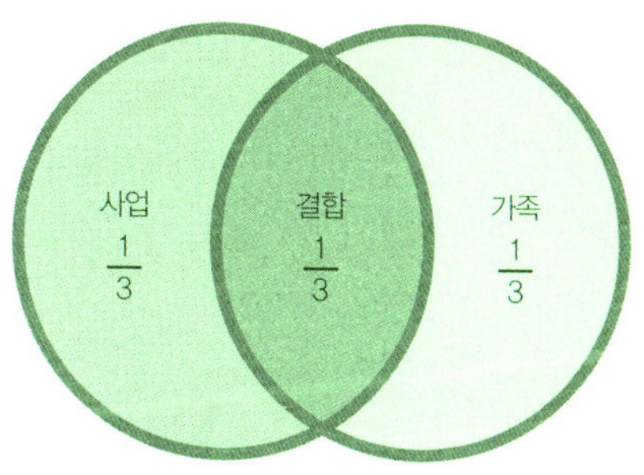

도록 노력하라. 사업에 너무 몰두해 모든 관심과 정력을 그곳에 쏟아붓지 말라. 바쁘게 창업을 하는 과정에서도 당신에게는 휴식이 필요하다. 휴가를 가는 것은 선택이 아닌 필수다. 가족과 함께 하는 시간은 당신의 삶에서 극히 중요한 일부이며, 가족에게도 당신의 이런 인식을 보여주어라.

사업을 일으키는 동안 당신이 바라는 통합의 정도를 설정하라. 우리는 1/3은 사업에만, 1/3은 가족에게만, 그리고 1/3은 둘의 결합에 할애하는 방식이 좋다고 생각한다.

둘이 결합된 활동으로 들 수 있는 것은 바쁘게 사업을 하는 하루 중에 배우자와 점심 먹기, 퇴근 후 극장 가기,

사업적인 심부름 외에 개인적인 심부름도 하기, 금요일에는 일찍 일을 마치고 주말을 연장하기, 시간을 내서 배우자 및 아이들과 함께 산책하기, 혹은 그냥 같이 시간을 보내기 등이다. 그렇지만 이런 시간들은 당신의 사업과 결합되어 있다. 왜냐하면 당신은 중요한 사업상 통화를 하기 위해 핸드폰을 켜놓고 개인 및 가족과의 활동 중에도 전화를 할 수 있기 때문이다.

당신이 사업 및 개인적 활동 모두를 일상적인 매일의 업무 일정에 연결시켜 계획할 때 통합은 성공적으로 일어난다. 놀라운 점은 그 둘이 서로를 확대시킬 수 있다는 점이다. 〈비즈니스 위크〉는 1999년 말 경영서 저자인 토머스 J. 네프와 제임스 M. 시트린의 인터뷰를 기사로 실었다. 시트린과 네프는 중역 스카우터로서, 미국에서 가장 잘 나가는 사업 지도자 50인을 면접해 성공적인 사업 지도자의 여섯 가지 원칙을 알아냈다.

질문 : "많은 사업 지도자들은 탄탄한 가족 구조를 갖고 있습니다. 그들 50인 가운데 42명은 아직도 최초의 배우자와 결혼 생활을 하고 있습니다. 미국의 평균 이혼율과 비교할 때 상당히 이례적인 비율이라고 보이는데 무엇을 뜻한다고 생각합니까?"

시트린 : "우리는 흔히 둘 사이에 맞바꿈이 있다고 생각합니다. 다시 말해, 사업적인 성공과 가족적인 성공은 양립할 수 없다는 것입니다. 하나를 얻으면 하나는 버려야 한다는 거죠. 하지만 현실은 그렇게 나타나지 않고 있습니다. 탄탄한 가족 생활과 가정에서의 성공은 오히려 사업적인 성공에 기여합니다. 많은 CEO들이 배우자가 자신들의 성공을 돕는 데 수행한 역할을 애기했습니다."

통합도 지나칠 수 있는가?

결론부터 말하자면 그렇다. 일이나 가족 중에서 어느 한쪽을 지나치게 강조하면 문제가 될 수 있다. 가족에게 너무 많은 초점을 맞추면 사업에 필요한 초점을 얻을 수 없다. 반대로 사업에 너무 많은 초점을 맞추면 가족의 삶은 고통을 받는다.

매일매일의 삶에 사업과 가족을 통합하는 것은 멋진 일이다. 하지만 때로는 둘을 분리해야 할 필요도 있다. 그래야만 어느 하나에 완전히 집중할 수 있기 때문이다.

어떤 때는 사업에 대한 관심을 완전히 끄고 전적으로 가족에게만 집중해야 한다. 이럴 때 핸드폰을 켜놓거나 주기적으로 음성우편을 확인한다면, 당신의 가족은 충분한 관심을 얻지 못한다고 느낄 것이다. 또 어떤 때는 가족의 사안들을 제쳐놓고 사업에만 집중해야 한다. 고객들도 자신들이 중요하게 다루어짐을 알아야만 하고, 당신의 사업 역시 창의적이고 집중적인 에너지를 필요로 한다. 이와 같은 균형을 규정하고, 달성하고, 유지하기는 쉽지 않지만 꼭 필요한 일이고 반드시 보상을 받는 일이다.

좋은 것도 지나치면 나쁜 것이 될 수 있다. 통합 역시 지나치면 사업에 해가 되거나, 더 나쁘게는 가족에게 해가 된다. 일과 가족의 통합에서 어두운 측면은 너무 지나치게 하는 것이다. 가령 당신은 늘 가족 사업을 함으로써 모든 가족이 함께 일하며 금전적인 혜택을 공유할 수 있기를 바랐다 하자. 당신의 아내와 아이들 모두 같은 사업에서 일을 한다.

언뜻 생각할 때 그것은 아주 멋진 것 같다. 당신들 모두는 잘 어울리고 많은 돈을 벌고 있다. 뿐만 아니라, 당신들은 서로를 더 넓은 관점에서 보고 전에는 몰랐던 각자의 강점을 알게 된다.

하지만 모든 것이 좋기만 한 경우는 별로 없다. 가족 모임에서조차 당신들이 하는 얘기는 사업 얘기뿐이다. 당신은 아내와 함께 외식을 할 때도 다음날 해야 할 '활동' 목록을 협의한다. 모든 전화 통화 역시 일과 관련되어 있다. 휴가 중에도 당신들이 하는 얘기는 사업 얘기뿐이다. 일과 관련된 사안들이 가족 관계에 부정적인 영향을 끼치기 시작한다. 이제는 사업이 가족 생활을 갉아먹는다.

이런 일은 실제로 많은 가족 사업에서 일어났는데, 내가 시작했던 그 사업도 그랬다. 그러면 나중에는 어떻게 되었을까? 결국 가족들은 하나씩 그 사업에서 떠났고 원래의 자기 자리로 돌아가게 되었다.

아내는 사업 파트너가 아니라 다시 아내의 자리로 돌아와 그 어느 때보다 행복한 생활을 하고 있고, 아들 가운데 한 녀석은 다시 목사의 자리로 돌아가 아주 크고 빠르게 성장하는 교회를 이끌고 있다. 그 녀석은 자신의 재능으로 그 교회의 성장과 번영에서 핵심적인 역할을 수행하고 있다. 그리고 녀석도 그 일을 좋아한다. 다른 아들은 캘리포니아에서 스스로 사업을 시작하는 꿈을 추구하고 있다. 딸 아이는 자신의 가족과 더 많은 시간을 보내며 예쁜 네 아이를 기르고 남편의 일을 돕고 있다. 모두가 각자의 길을 감으로써 가족 사업은 깨지는 것 같았지만, 개인적으로는 모두가 더 행복하고 충만한 삶을 살고 있다. 당시에는 그것을 쉽게 받아들일 수 없었지만, 약간의 사색을 한 후 우리는 통합이 지나쳤음을 알 수 있었다.

일과 가족을 통합하는 것은 지속적인 도전이다. 하지만 당신에게 맞는 균형적인 방식으로 그것을 할 때 찾아오는 보상은 무척 크다. 목표는 당신의 사업과 가족 활동을 하나의 응집적이고 균형적인 삶으로 통합해 당신의 꿈과 원하는 삶을 달성하는 것이다. 당신과 가족이 정말로 원하는 삶과 생활을 선택해 둘 사이의 균형을 달성하라. '가족' 부분을 잊으면 당신의 사업은 성공할지 몰라도 가족과의 삶은 행복할 수 없을 것이다.

많은 성취를 하면서도 여유롭게 살고 멋진 가족 생활을 영위할 수 있다. 따라서 당신의 '목표'를 달성하는 데 너무 매진해 여정을 즐기지 못하는 우를 범하지 말라. 사업과 가족 모두를 위해 시간을 할애할 수 있도록 당신의 사업을 구조화하라. 속도를 조절하면서 인내심을 갖고 사업을 추진하라. 사업 때문에 진이 빠져서는 안 된다. 잠시 휴식을 취하는 것은 필요하고 바람직한 것이다. 성공적인 사업을 성공적인 가정 생활과 균형되게 하는 것이 진정한 성공이다.

당신과 당신의 가족, 당신의 가치에 충실하는 것이 무엇보다 중요하다. 그것은 내적인 평화, 개인적인 성장 그리고 충만하고 의미 있는 삶의 열쇠다. 다음 장에서 우리는 당신의 가치를 규정하고 그것을 지키는 것의 중요성에 대해 얘기할 것이다. 그것은 당신의 삶에서 등대 역할을 할 것이다.

우리의 가치는 사치품이 아니라 필수품이다.
그것은 빵 속의 소금이 아니라 빵 그 자체이다.

– 지미 카터

당신의 가치를 고수하라

당신의 가치를 사업을 통해 구현해 매일같이 그것과 함께 하면 당신의 일에는 목적과 의미가 분명해진다. 당신은 단지 돈을 위해서만 일하지 않게 된다. 당신이 좋아하는 것, 중요하다고 느끼는 것 그리고 당신의 가치를 반영하는 것을 위해 일하게 된다. 누구나 목적의식이 있을 때 신바람을 느끼면서 최선을 다하기 마련이다.

우리가 사업을 시작했을 때 삶은 단순한 생활보다 더 중요한 개념이었다. 우리는 개인적 가치를 고수하며 사는 것이 많은 돈을 버는 것보다 더 중요하다고 여겼다.

오늘날 대부분의 창업가들은 자신이 살고자 하는, 그리고 사업의 모든 측면에 통합하고자 하는 개인 및 사업적 가치에 헌신한다.

당신은 자신의 개인적 가치를 반영하는 사업을 키우거나, 가장 가깝게 반영하는 회사에서 일해야 한다. 그래야 내적인 평화, 조화, 개인적인 충만감을 달성하면서 많은 잠재적 갈등을 피할 수 있다. 또 의사결정을 할 때도 도움을 받는데, 의사결정은 당신의 사업 성공과 개인 행복에서 아주 중요한 것이다. 당신의 사업이 당신의 개인적 가치를 반영할 때, 당신은 진정한 자신으로 살 수 있게 된다.

전에 내가 어떤 경영 컨설팅 회사의 중역이었을 때 전략기획 모임에서 그곳의 관리팀에게 그 회사에 대한 나의 비전을 그림으로 압축해서 보여주었다. 그 그림의 중심에 나는 '하나님께 영광을' 이란 문구를 집어넣었다. 그것을 본 인력자원 관리자가 나에게 조용하면서도 강압적으로 얘기했다. "우리는 이 토론에 하나님을 포함할 수 없습니다."

나에게 이것은 아주 중요한 순간이었다. 왜냐하면 내가 보는 관점에서, 그 비전에 나의 가치보다 더 소중한 것은 없었기 때문이다. 그러나 그들 모두가 나의 가치를 공유하는 것은 아니었고, 내가 그 사업의 주인도 아니었기 때문에 그 얘기를 더 할 수가 없었다.

내가 보는 비전에서 나에게 가장 중요한 가치가 빠졌다면 나는 그곳에서 완전히 만족하거나 행복할 수 없을 것이다. 나의 가치는 다른 무엇보다 나의 삶에서 가장 중요하기 때문이다. 그로부터 4개월쯤 지난 후, 나는 직접 컨설팅 회사를 차려 나의 가치를 사업에 구현했을 뿐 아니라 그것과 함께 살기 시작했다.

당신의 가치는 당신의 비전 속에 반영되어야만 한다. 그리고 행동으로 옮겨져야만 한다. 그냥 말만 하는 것과 실제로 그렇게 사는 것은 전혀 다르다. 당신의 가치에 따라 사는 것이 때로 사업에 해가 될 수도 있겠지만, 쉽게 타협하지 않음으로써 당신은 진정한 자신에게 충실할 수 있다.

당신의 가치를 당신이 하는 모든 것에 통합하라

당신을 가장 행복하게, 그리고 스스로 가장 평화롭게 만드는 것은 당신의 가치와 함께 하는 것이다. 당신의 가치를 사업에 통합한다는 말은 당신의 사업이 진실로 자신에게 중요한 것을 반영하고 있음을 뜻한다.

당신은 물질적인 성공과 '나'에게만 초점을 맞추고 '어떻게든 이겨야만 한다'고 생각하는 세상에서 당신의 가치를 반영하는 사업을 시작하는 것이 쉽지 않다고 생각할 것이다. 물론 개인적으로 충만하고 다른 사람들까지 살찌우는 균형적이고 의미 있는 삶을 사는 일은 결코 쉽지 않다. 일단 당신의 가치에 바탕한 사업을 일으키는 데 성공했다면, 당신이 하는 매일매일의 사업에서 그 가치를 고수하는 것이 중요하다.

이 원칙을 적용하는 첫 번째 단계는 당신의 가치를 규정하는 것이다. 두 번째 단계는 그런 가치가 당신의 사업에 어떻게 반영될지를 규정하는 것이다. 셋째는 매일같이 사업을 하면서 그런 가치와 함께 하는 것이다. 그리고 넷째는 끊임없이 새로운 방식으로 당신의 사업이 당신의 가치를 지원하도록 노력하는 것이다.

1 **당신의 가치를 규정하라.** 창업적인 특성을 가진 회사는 자신들의 가치를 규정하기 위해 회사의 파트너에게 다음의 질문들을 한다.
   - 우리는 누구인가?
   - 우리는 무엇을 위해 있는가?

■ 우리는 무엇을 믿는가?

■ 우리는 그것을 위해 살 만큼 그것을 충분히 믿는가?

■ 우리는 삶에서 무엇을 달성하려 하는가?

2 당신의 가치가 당신의 사업에 어떻게 반영되는지 규정하라. 우리의 비전은 진정으로 우리에게 중요한 것을 규정한다. 시간이 지나면서 우리는 주기적으로 비전을 재검토하고 수정한다. 그리고 어떤 회사든지 이렇게 해야 한다.

우리의 비전은 우리에게 중요한 가치를 반영하고 당신의 비전은 당신의 가치를 반영하므로 당연히 다르다. 우리의 핵심 가치는 하나님께 영광을 돌리는 것이고, 우리는 이것이 모든 일에 반영되기를 바란다.

우리의 원래 비전은 시간이 지나면서 어느 정도 수정되었지만, 이 핵심 가치만은 아직도 변하지 않았다. 기독교인으로서 우리에게 가장 중요한 것은 하나님께 영광을 돌리는 것이기 때문이다. 이것을 중심으로 우리에게 아주 중요한 네 가지 가치가 또

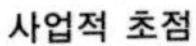

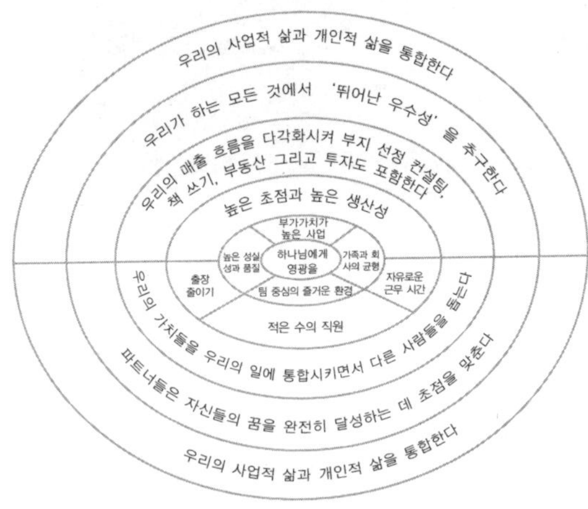

있는데, 이것들도 여러 해 동안 우리의 비전이 변하는 과정에서 변하지 않았다. 그것들은 우리 회사가 고객과 회사의 구성원들에게 우수성을 제공하도록 만들고 있다.

우리의 핵심 가치를 둘러싸고 있는 네 가지 가치는 다음과 같다. 높은 성실성과 품질, 팀 지향의 즐거운 환경, 가족과 회사의 균형 그리고 높은 가치를 주고 받기 등이다. 우리의 개인적 가치는 이렇게 우리의 사업을 규정하며 우리가 하는 사업 속에 통합되어 있다. 창업가의 길을 가려는 당신이 지금부터 해야 할 일은 당신에게 중요한 가치를 규정하고, 그것들이 어떻게 당신의 사업에 반영되는지 알아내는 것이다.

3 **당신의 가치와 함께 하고 그것을 당신의 사업에 통합하라.** 우리의 목표는 늘 높은 성실성과 품질을 추구하는 사람이 되는 것이었다. 그리고 우리의 회사가 이것을 반영하게 만드는 것이었다. 그런 만큼 우리 회사에서 '성실성'이란 단어는 너무나도 중요한 것이다. 그것은 그동안 우리와 함께 했던 가치이지만, 우리는 굳이 그것을 자랑하려 하지 않았다. 고객들과 그밖에 다른 사람들이 우리의 일과 삶에서 나타나는 품질을 본다면 우리가 성실성을 중요시하는 사람들임을 알게 될 것이라고 생각했기 때문이다. 이와 같은 방식으로 사업을 해서 인지, 고객들은 우리가 제공하는 서비스에 매번 큰 만족을 느낀다.

우리의 생활은 우리가 얻는 것에 의해 이루어지고, 우리의 삶은 우리가 주는 것에 의해 이루어진다.

성실성이 주는 측면은 우리가 고객들에게 약속한

것보다 더 많은 것을 그들에게 주는 것, 즉 그들의 기대를 초과하는 것에 반영되어 있다. 이렇게 주는 사업 철학의 최종적인 결과는 너무나도 만족하는 고객이며, 다시 창출되는 반복 거래이다. 우리가 바라는 활동방식은 가장 세심하고 비판적인 관찰자라도 전혀 비판할 것이 없도록 하는 것이고, 팀 지향적인 즐거운 분위기에서 일하는 것인데, 이 가치는 파트너 및 고객들과 유지하는 탄탄한 관계 속에 반영되고 있다. 당신은 자신이 바라는 것을 원하는 곳에서 봉사하고 싶은 고객들을 위해 일할 때 즐겁게 일할 수 있다.

우리는 사업과 가족, 그밖에 우리와 우리의 회사를 위해 일하는 사람들의 관심사항을 균형 잡고 싶어 한다. 너무 많이 일하면 지치고, 태도가 나빠지며 결국 직원들은 불행해진다. 반면 가족에 너무 많이 초점을 맞추어도 일을 충분히 완수할 수 없고, 일의 품질이 떨어지며, 결국 고객들은 만족하지 못하게 된다.

우리 역시 어느 한순간에 그런 균형이 불안정해지는 것을 방치했다. 우리에게 너무나 중요했던 핵심 가치의 초점을 상실했던 것이다. 그 결과는 끔찍한 것이었지만, 우리는 사색하고 배우고 조정함으로써 전보다 훨씬 더 핵심 가치에 초점을 맞추고 있다.

우리는 늘 부가가치가 높은 서비스에 초점을 맞추고 싶어했다. 그래서 우리의 고객들은 아주 만족했고 회사는 경제적인 면에서 성공했다. 우리는 때로 새로운 사업을 포기하면서까지 우리의 핵심 가치를 고수했다.

당신도 자신의 비전을 새로 보면서 자신의 사업이 핵심 가치를 얼마나 잘 반영하고 있는지, 진정으로 반영하고 싶어하는 가치인지 알아보기 바란다. 당신이 비전을 만들면서 규정한 가치를 다시 검토하라. 당신이 만든 비전과 규정한 가치 중에, 삶에서 달성하고 싶은 것을 알아냈는가? 이것이 당신 중심적인 가치이다. 당신의 비전이 당신 중심적인 가치를 지원하는지를 분명히 규정하라.

최근 우리는 공공부문의 지역 경제발전 프로젝트에 응찰할 기회가 있었다. 대개의 경우 우리의 컨설팅 사업은 그 초점이 민간부문을 위한 부지 선정에만 맞추어져 있기 때문에, 그런 프로젝트에 응찰할 생각은 하지 못했었다. 하지만 이 경우에는 상황이 특이했다. 왜냐하면 고객들을 위해 이전에 그 지역을 여러 차례 평가한 적이 있었기 때문이다. 그래서 우리는 여러 해 동안의 직접적인 관계를 통해 그 지역의 리더들을 잘 알고 있었다. 우리는 우리가 알고 있는 리더들과 그 지역의 욕구들을 논의했다. 우리는 나름대로 아주 실제적이고 독특한 조언을 제시하여 그 지역에 상당히 긍정적 영향을 끼칠 수 있다고 느꼈다.

그러나 입찰과정이 진행되면서, 그 프로젝트는 원래의 초점을 잃고 비현실적인 보고서만 잔뜩 만들어내는 학구적인 연구로 변질되고 말았다. 그대로 진행된다면 진정한 부가가치는 창출되지 않을 것이었다. 그래서 우리는 20개의 회사 가운에 5개의 최종 응찰자로 선정되었음에도 불구하고 입찰에서 물러났다.

그 지역의 리더들은 우리에게 다시 생각해보라고 얘기했다. 하지만 우리는 부가가치가 높은 서비스를 창출할 수 없다고 느꼈고, 그래서 더 이상 참여

할 뜻이 없다고 말했다. 이 결정으로 우리 회사는 상당한 수입을 놓쳤을 수도 있지만, 우리는 그것이 올바른 결정이라고 느꼈고 우리의 가치를 고수했다. 이와 같이 사업을 포기하고 가치를 고수하는 일은 어려운 선택이다. 하지만 그것은 올바른 선택이다.

4 **당신의 사업이 당신의 가치를 지원하는 새로운 길을 찾아보라.** 당신은 끊임없이 새로운 방법들을 찾아 당신의 철학과 사업의 핵심 가치를 지원하고 싶을 것이다. 다음은 우리에게 도움이 된 몇몇 방법들이다.

■ 당신이 창업가라면, 가치관이 비슷한 사람들과 동업을 하거나 그런 사람들을 고용한다. 혹은 당신의 회사에 중요한 가치를 문서로 작성해 직원들을 고용할 때 사용할 수 있다. 그렇게 하면 응시자들 중에서 당신 회사의 가치와 철학을 가장 잘 지원하고 반영하는 사람을 고용할 수 있다. 당신이 내부창업가라면, 당신의 개인적인 가치를 가장 가깝게 반영하는 회사에서 일한다.

- 회사 안의 다른 사람들과 정기적으로 만나 회사의 비전에 대해 얘기하고, 그들의 얘기에서 회사의 핵심 가치를 지원하는 새로운 방법을 찾아낸다.
- 과거에 대한 사색을 통해 당신의 가치를 진정으로 반영하는 미래를 창조한다. 사색은 보다 효과적인 미래를 설계하는 데 도움이 된다.
- 늘 새로운 마음을 유지해 당신의 가치를 적절하게 반영한다. 기분 전환을 하면서 늘 새로운 마음을 유지하면 피곤함이나 부정적인 생각 때문에 감정과 행동에 영향을 받을 필요가 없다.
- 단순한 사업 이상의 것들에 시간을 낼 수 있도록 당신의 사업을 구조화한다. 나름대로 시간을 내서 새로운 아이디어를 찾아보고, 당신이 삶에서 원하는 것을 하고, 때때로 '장미 향기'를 맡을 여유를 갖는다.

다만 이것들은 지속적으로 수행해야 하는 과업이다. 가장 좋은 방법은 기본 원칙의 준수, 즉 당신의 가치를 규정하고 그것이 당신의 사업 비전에 반영되게 하는 것이다. 그런 후 주기적으로 당신의 사업

이 자신의 가치를 얼마나 잘 통합했는지, 그리고 자
신이 그런 가치와 함께 하는지를 평가해야 한다.

당신의 핵심 가치는 진정한 당신의 요체다. 당신만이 자신의 가치를 규정할 수 있고 그것이 자신의 비전과 자신이 하는 모든 것에 어떻게 반영되도록 할 것인지 결정할 수 있다. 타협하지 않고 당신의 가치를 위해 살면 어떤 금전적 결과보다 더 소중한 목적의식과 내적인 평화를 얻을 수 있다. 진정한 성공을 달성하는 열쇠는 당신의 가치를 알고 그것이 가리키는 길을 따라가는 것이다.

당신은 자신의 삶에서 중요한 가치를 규정하고 그것을 당신이 하는 모든 것에 통합하기를 목표로 삼아야 한다.

정기적으로 스스로 이렇게 물어라. '나는 내 핵심 가치를 얼마나 잘 지키고 있는가?' 당신은 늘 이렇게 자문하며 자기 평가를 함으로써 사업과 삶을 올바르게 균형 잡아야 한다. 우리의 삶과 사업은 정적인 것이 아니다. 따라서 우리가 바라는 균형과 성공을 얼마나 잘 달성하고 있는지 측정할 필요가 있다. 이것이 다음 장에서 다룰 주제다.

기억하라!

우리의 생활은 우리가 얻는 것에 의해 이루어지고,

우리의 삶은 우리가 주는 것에 의해 이루어진다.

사람들이 일에서 행복을 느낄 수 있으려면 다음의 세 가지가 필요하다.
즉 자신에게 맞는 일을 해야 하고, 그것을 너무 많이 하지 말아야 하고, 그
것에서 나름의 성취감을 느껴야 한다.

- 존 러스킨

정기적으로 성공을 측정하라

통합적인 삶과 사업의 처음 여섯 가지 원칙을 적용해 균형적인 삶을 달성하고 유지하는 것은 한 번에 끝나는 여행이 아니다. 당신은 끊임없이 당신이 바라는 균형과 그것을 얼마나 잘 달성하고 있는지 평가해야 한다. 그래서 일곱 번째 원칙은 당신의 상태를 정기적으로 측정하고 평가할 것을 요구한다. 물론 당신은 성공의 어느 한 부분, 이를테면 은행 계좌나 직원 수 같은 것에만 초점을 맞춰서는 안 된다. 우리가 추천하는 일련의 지표들은 우리가 바라는 삶의 균형을 측정하는 데 큰 도움이 된 것들이다. 하지만 당신에게 맞는 성공의 지표들은 당신만이 규정할 수 있다.

왜 당신의 삶에서 성공의 지표들이 있어야 할까? 당

신은 과녁이 어떻게 생겼는지 알고 있을 때 그것을 맞출 가능성이 더 높다. 당신이 정말로 성공하고 있는지 알아보려면 당신이 생각하는 성공은 무엇인지 알 필요가 있다. 당신의 성공 지표는 당신만이 규정할 수 있지만, 우리는 당신에게 우리가 개발한 것들을 보여줄 생각이다.

자신에게 맞는 성공 지표들을 규정하라

성공의 지표들은 당신의 삶이 균형되어 있는지 아닌지를 알아보기 위한 것이다. 여기서 핵심 단어는 '균형'이다. 대개의 경우 균형의 뜻은 여러 가지 극단들을 평균으로 맞춘다는 것이다. 어느 분야는 극단적으로 높고 어느 분야는 극단적으로 낮은 삶은 균형적인 삶이 아니다. 우리의 목표는 각각에게 중요한 모든 요인들보다 높은 삶을 사는 것이어야 한다. 아쉽게도 우리는 균형을 이루려는 삶의 분야를 측정하거나 평가하지 않기 때문에 우리가 균형을 이루고 있는지 제대로 알지 못한다. 대체로 우리는 열심히 일하는 것이 90%이고 삶의 다른 분야에서 균형을 이루는 것이 10%이다. 경제적으로 성공해도 장미 향기를 맡을 여유가 없고, 당신의 꿈을 끝까지 추구할 수 없고, 탄탄한 가족 관계를 세울 수 없고, 남을 도울 수 없다면, 정말로 성공했다 할 수 있을까?

우리는 우리의 삶을 균형 잡는 데 중요한 여러 요인들을 평가하는 일련의 지표들을 개발했다. 당신도 자신에게 맞는 성공의 지표들을 규정하기 바란다. 먼저 당신의 욕구와 꿈, 열정과 관심, 그리고 당신이 규정한 '완벽한 삶'이 무엇인지부터 알아보라. 당신이 개발한 성공 지표들은 당신의 완벽한 삶을 위해 자신이 이룬 발전을 측정할 수 있어야 한다. 중요한 것은 당신이 바라는 삶의 균형이 모든 측면들을 다루어야 한다.

1 **하나님과의 관계** 대부분의 사람들은 심오한 영적인 삶을 개발하고 하나님과의 관계를 설정하는 데 거의 시간을 쓰지 않는다. 그렇지만 우리는 하나님과의 개인적인 관계를 설정하고 영적인 삶에 초점을 맞춤으로써 삶을 바꿀 수 있었다. 또 성공 지표 가운데 처음 두 가지는 서로 밀접하게 관련되어 있었다. 즉, 하나님과 좋은 관계를 가지려면 당신의 배우자와도 좋은 관계를 가져야만 한다. 이 두 가지

성공 지표를 모두 달성하면 당신의 삶은 크게 바뀔 것이다.

2 **배우자와의 관계** 대체적으로 이 관계가 우수한 범주에 속하면 삶의 다른 분야들도 잘 된다고 할 수 있다. 하지만 안타깝게도 그 반대의 상황 역시 진실이다. 이 관계를 1부터 10까지의 눈금으로 매기고 10을 가장 높은 점수로 정하라. 점수 5는 '보통'이 아니라 '좋지 않음'이다. 9나 10이 '좋음'이다. 이 지표의 점수가 항상 10에 이를 때 당신의 삶은 분명 크게 빠뀔 것이다.

3 **아이들과의 관계** 아이들에 대한 우리의 책임은 배우자, 즉 아이들의 어머니나 아버지를 사랑하는 것이다. 그리고 아이들이 잘 자라고 건강한 자기 이미지로 번창할 수 있도록 사랑과 보호와 관심을 쏟는 가정 환경을 제공하면서 좋은 모범을 보이는 것이다.

4 **사업에 쓰는 시간과 기족에 쓰는 시간** 당신의 시간 비율은 균형적인가? 사업이 당신의 시간을 너무 많이 잡아먹는 것은 아닌가? 당신이 바라는 만큼 일과 가족을 통합할 수 있는 사업을 창조했는가?

5 **친구들을 위한 시간** 친구들과의 관계는 당신과 친구들에게 너무도 중요하다. 배우자 및 하나님과 더불어 친구들은 당신이 어려울 때 도움을 받고 힘들 때 위안을 얻을 수 있는 사람들이다. 나아가 당신을 북돋을 수 있는 사람들이다.

6 **남을 돕고 봉사하기** 봉사받는 사람들뿐 아니라 봉사하는 사람들도 큰 기쁨을 누릴 수 있다. 모든 사람들이 자신들의 시간에서 극히 일부라도 이런 일을 하는 데 쓴다면 세상은 얼마나 달라지겠는가. 시간과 돈을 좋은 곳에 쓸 수 있게 해주는 사업을 만들어라.

7 **사업 및 경제적 성공** 당신은 고객들에게 우수성으로 봉사하고 있는가? 새로운 기술에 보조를 맞추면서 사업을 위해 설정한 비전을 충족하고 있는가? 당신 스스로가 정한 예산을 고수하고 있는가? 그 예산은 당신의 모든 기본 욕구를 충족하면서 선행, 투자, 저축을 가능케 하도록 짜여진 것이었다. 사업 및 경제적 성공은 당신이 삶의 중요한 것들에 초점을 맞출 수 있도록 더 많은 시간을 제공한다.

8 **장미 향기를 맡을 시간** 천천히 하라. 하루를 즐겨라.

친구와 얘기하라. 공원에서 점심을 먹어라. 꽃을 보아라. 의식적으로 장미 향기를 맡기 위한 시간을 마련하라. 당신에게는 장미 향기를 맡을 시간이 있는가?

9 **운동과 건강** 육체적인 운동은 스트레스를 푸는 데 그만이다. 그것은 또 건강을 유지하고 기분 전환을 하는 데도 큰 도움이 된다. 그럼에도 많은 이들이 육체적인 건강과 다른 요구를 균형 잡는 것을 어려워 한다. 당신은 어떤가?

10 **당신의 꿈을 끝까지 추구하라** 우리는 저마다 다른 꿈을 갖고 있다. 당신은 자신의 꿈이 무엇인지 알아야만 그것을 추구할 수 있다. 당신의 꿈은 무엇인가? 아내와 여유롭게 시간을 보내는 것, 바다에 나가 배를 타는 것, 낙조를 구경하는 것 그리고 궁극적으로 당신의 삶에서 탄력과 균형을 갖는 것인가? 당신은 그런 당신의 꿈을 끝까지 추구할 수 있는가?

당신은 자신에게 맞는 삶과 사업의 통합적인 모델을 개발하기 위해 지금까지 애썼다. 그것은 진정한 자신의 꿈, 중요한 가치 그리고 삶에서 원하는 것을 반영하는 모델이다. 그와 같은 균형을 유지하려면 주기적인 점검이 필요하다. 사업 및 경제적 성공이 장미 향기를 맡고, 당신의 꿈을 끝까지 추구하고, 탄탄한 가족 관계를 세우고, 당신의 하나님(신)을 잘 알고, 남을 돕는 데 도움이 되지 못한다면, 정말로 성공했다 할 수 있을까?

이제 다음의 도표를 통해 스스로를 평가한 후 당신의 삶을 균형 잡기 위한 계획을 짜라.

지금까지 균형을 잃고 있었다면, 다시 궤도에 오르기 위한 당신의 계획은 무엇인가? 균형적인 삶을 살면서 당신의 기대를 넘는 즐거움을 맛볼 준비를 하라.

성공 지표 측정

성공 지표	최악 → 순위 → 최상									
	1	2	3	4	5	6	7	8	9	10
1. 하나님과의 관계										
2. 배우자와의 관계										
3. 아이들과의 관계										
4. 사업과 가족의 균형										
5. 친구들에게 쓰는 시간										
6. 남을 돕고 봉사하기										
7. 사업 및 경제적 성공										
8. '장미 향기'를 맡을 시간										
9. 운동과 건강										
10. 꿈의 추구										
전체적인 평가										

받아들일 수 없음
(변화가 필요함)

그런대로 괜찮음 →

가까워짐, 계속 노력 →

목표 →

3부

삶을 관조하는 능력

과거를 돌이켜보면
미래를 창조하는 데 안내자가 되는
그 무엇을 만날 수 있다.

나는 경청하는 것을 좋아한다.
나는 세심하게 경청함으로써 아주 많은 것을 배웠다.
대부분의 사람들은 경청하지 않는다.

– 어니스트 헤밍웨이

귀를 열고 배워라

과거를 돌이켜보며 사색하는 것은 경이로운 배움을 얻는 길이다. 요컨대 당신은 시간을 내서 '뒤를 돌아보고' 그런 사색에서 배움을 얻을 필요가 있다. 그리고는 그렇게 얻은 배움을 성공적인 미래를 창조하는 데 활용하는 것이다. 그러기 위해서는 항상 귀를 열고 지혜를 구해야 하며, 적절한 적응을 하면서 바라는 목적지에 도달해야 한다.

어느 날 저녁 나는(제임스) 아내와 함께 우리가 친구로 지내던 중년의 부부와 식사를 하고 있었다. 그런데 일상적인 대화를 나누다가 그 중년의 신사가 이렇게 얘기했다. "제임스, 늘 하나님의 말씀에 귀를 기울이세요." 잠시 그 말을 생각하고 나서 내가 물었다. "무슨 뜻인지?"

바로 그때 우리의 아내들이 대화에 참여했고 나는 그의 답을 듣지 못했다. 그리고 여러 해 동안 그의 말을 잊고 지냈다.

그러다가 많은 사색을 한 후에야 그 말의 뜻이 이런 것임을 알게 되었다.

- 매일 하나님께 기도하며 당신의 사업에 대한 그분의 뜻이 무엇인지 물어라.
- 매일같이 그날, 그달 혹은 그해의 활동들에 대해 사색하라.
- 매일 조용하게 기도하고 경배하며 당신의 관심을 하나님께 바쳐라.
- 경청하라. 늘 얘기만 하는 사람에게는 경청이 아주 어려운 것이다.
- 당신 앞에서 펼쳐지는 것을 세심하게 관찰하라.
- 당신이 존경하는 사람의 조언을 구하라.
- 당신의 직관에 귀 기울여라.

당신이 들은 것을 행동으로 옮겨라

일단 무엇을 해야 할지 안 후에는 그것을 해야만 한다. 그것이 아무리 어렵더라도, 혹은 그것이 처음에 당신이 선택한 길이 아니더라도…….

당시 우리 회사의 금전적인 상황은 안정적이었지만, 우리는 한동안 새로운 사업을 따내지 못했고 우리의 월간 간접비는 상당했다. 파트너들과 오랫동안 논의한 후, 우리는 상당한 비용을 절감해야 한다고 결론내렸다. 비록 우리가 그런 선택을 원하지 않았어도 그렇게 하기로 결심했다. 우리는 다음과 같이 할 수밖에 없었다.

- 시카고에 있는 사무실을 폐쇄했다. 시카고 사무실은 위치뿐 아니라 이미지와 명성도 좋았기 때문에 문을 닫기가 너무나 아쉬웠다.

- 우리가 좋아했던 사람들을 해고했다. 그들은 직원이면서 동시에 친구이기도 했다(일부는 그것을 잘 받아들였고 일부는 그렇지 않았다). 그 일은 우리가 하기에 힘든 것이었다.

- 우리가 매달 집에 가져가는 돈을 줄였다.

■ 일부 전일제 직원을 시간제 직원으로 전환했고, 가
능한 한 모든 지출을 줄였다.

당신은 사색하고 경청할 때, 그리고 당신에게 열려 있
는 문을 통과해 나아갈 때 (비록 그것이 당신이 좋아하는 문
이 아니더라도) 훨씬 더 평화로운 길을 걸을 수 있다.

그러면 삶이 바뀔 수 있다

사색하고 경청한 후에 당신 앞에 있는 길을 따라가면
당신의 삶은 크게 바뀔 수 있다.

우리가 시카고에 있는 사무실을 폐쇄한 결과는 상당
했다.

■ 월간 지출을 70%가량 줄일 수 있었다. 그 결과 간
접비 비중이 낮아져 우리에게 오는 모든 일을 하지
않고 우리가 원하는 일만 골라서 할 수 있었다.

■ 더 많은 시간을 가지면서 우리가 가장 잘 하는 것에
초점을 맞추고 있다.

- 더 많은 시간을 가족과 함께 보내고, 우리의 꿈을 추구하는 데 사용하고 있다.
- 새로운 활동을 시도할 수 있다. 이를테면 이 책을 쓰는 일 같은 것인데, 이런 일은 우리가 간접비를 줄이지 않았다면 할 수가 없었을 것이다.

우리는 이제 자신이 좋아하는 일을 하고 있다. 다섯 내지 일곱 개의 프로젝트에서 일하는 대신, 하나 혹은 두 개의 프로젝트에서 일하며 그것들을 더 즐기고 있다. 우리 두 사람 모두 이제는 정기적으로 성경 공부를 하는데, 전에는 시간이 없어서 하지 못했던 것이다. 그리고 출장 스케줄이 가벼워져 여타 정기적인 주간활동을 계획할 수 있다. 우리의 삶은 훨씬 더 단순하고 즐거워졌다.

다음의 글은 〈패스트 트랙〉지의 2000년 1월/2월호에서 발췌한 것이다.

"이른바 '쥐 경주'에서의 문제는 설사 이긴다 해도 당신이 여전히 쥐에 불과하다는 점이다." 위대한 경영의 달인 릴리 톰린은 그렇게 얘기했다.

마크 앨비온 역시 여러 해 동안 그런 쥐떼의 선두에서 달렸다. 그는 가는 곳마다 성공을 거듭하며 경력을 쌓았고 하버드에서도 3개의 학위를 받았다. 경제학 학사, MBA 그리고 경영학 박사였다. 그리고 1982년에는 31세의 나이에 하버드 경영대학원 교수 자리를 얻었다. 그곳에서 마케팅을 가르치게 되었는데, 그의 성공은 곧 세간의 관심을 끌었다. 이후 TV에도 여러 차례 나왔고 새로운 종류의 마케팅 '귀재'라는 칭찬을 들었다. 그런가 하면 유명한 대기업들에서도 강연 요청을 받았다. 이를테면 P&G와 코카콜라 같은 블루칩 회사들이었다. 이제 그에게는 명석한 동료들, 무제한의 자원, 탄력적인 업무 스케줄, 개인적인 재산이 있었다. 아, 그리고 또 하나가 있었다. 그는 비참했다.

앨비온은(기관총처럼 빠르게 얘기하고 네 시간만 자도 거뜬히 일할 수 있는 활력의 사나이) 자신도 모르는 사이에 스스로 그 '쥐 경주'의 덫에 걸리고 말았다. 그는 늘 자신이 세상에 태어난 것은 단지 생활만을 위해서가 아니라 다른 사람들의 삶도 살찌우는 길을 찾기 위해서라고 믿었다. 하지만 그는 앞서 나가기 위해 일에 매진하는 과정에서 자신의 핵심 가치를 잊고 살았다. 멋진 생활을 했지만 삶에서는 실패하고 있었던 것이다.

이른바 새로운 경제환경의 중심에 어떤 약속이 있다면, 그것은 불행히도 우리 모두가 중요한 일을 해야만 한다는 것이다. 그 결과 오늘날 우리 모두는 너무 많은 시간을 투입하고 너무 많은 스트레스를 받으면서, 개인적으로 중만하지 않은 일을 하고 있다.

이 이야기와 대비되는 것으로, 우리의 친구는 정말로 중요한 것을 찾아냄으로써 진정한 행복을 발견했다.

린다는 우리 회사에서 전일제 회계사로 일했었다. 그녀는 정말로 대단한 사람이다. 아내이자 두 대학생의 어머니이고, 뛰어난 회계사이며, 4인조 성가대의 일원으로서 남동부의 많은 교회에서 노래하며 1년에 60여 차례의 음악회를 연다. 그녀는 또 그 성가대의 모든 활동을 계획하고, 홍보하고, 조정하는 책임도 맡고 있다. 당연히 그녀는 아주 유능할 뿐 아니라 무척 바빴다.

그렇지만 그녀에게 딜레마가 생겼다. 우리 회사에서 일하는 시간이 줄어들게 되었던 것이다. 그녀는 전일제 소득이 있어야만 가족의 지출을 충당할 수 있었다. 그렇다고 성가대의 활동을 그만두거나 줄이고 싶지 않았다. 그러나 계속해서 누군가를 위해 전일제로 일하며 가족과 교회를 위해 모든 것을 한다는 것은 쉬운 일이 아니었다. 더구나 성가대에서 그녀가 맡는 책임은 매년 커지고 있었다.

이 책의 일곱 가지 원칙을 알고 난 후에 그녀는 자신이 직접 미래를 창조할 수 있다고 믿기 시작했다. 그리고 많은 토론과 자기 분석, 기도 그리고 남편과 가족의 지원을 받은 후에 직접 회계사업을 시작해 자기 가족의 욕구를 충족시키기로 결심했다.

그 결과는 환상적이었다. 우선, 그녀는 고용된 회계사와 창업가로서 일할 때 벌게 되는 소득의 차이가 무려 백만 달러에 달함을 알게 되었다. 그래서 44세의 나이임에도 망설임 없이 자신의 사업을 시작했다. 실제로 백만 달러라는 차이는 린다와 그녀의 가족이 은퇴를 위한 투자를 포함해 사업 생활, 가족 생활 그리고 성가대 생활 모두를 하나로 통합할 수 있도록 해주었다. 이보다 더 좋을 수 있는가?

이 책의 일곱 가지 원칙은 그녀가 뒤로 물러서서 자신의 강점, 재능, 숙련성, 진정한 자신이 하고 싶은 것을 평가하도록 도왔고, 그 모든 것을 그녀의 욕구 중심으로 설계한 완전한 삶의 방식으로 통합하도록 도왔다. 그렇게 하는 데는 나름의 배짱과 약간의 도전이 필요했지만,

그 결과는 놀라웠다.

그녀는 이렇게 얘기했다. "나는 누군가를 위해서 일하지 않고 내 자신을 위해서 일할 때 가능한 소득의 증가분에 너무도 놀랐다. 특히 내가 가장 놀란 것은 스스로 내 시간을 통제할 수 있다는 점이다. 뿐만 아니라, 나는 이제 내가 늘 원했지만 소속사의 정책을 따라야 했기 때문에 할 수 없었던 방식으로 고객들을 도울 수도 있게 되었다. 그와 같은 혜택은 아주 멋졌고, 우리의 미래는 정말로 밝았다. 다시 누군가를 위해 일할 것인가? 절대로 아니다."

이 책의 일곱 가지 원칙을 실천하면 당신도 린다처럼 그리고 우리처럼 당신이 진정으로 원하는 바로 그 삶을 살 수 있다.

자기 점검표

Your Self-Profile

당신이 누구이고, 당신의 욕구는 무엇이며,
당신이 가고자 하는 곳은 어디인지 이해하면,
당신의 능력을 보완하여 당신을 보다 완전한 인간으로
만드는 그런 종류의 사업과 삶은
점점 더 분명해진다.

자기 점검표

__________의 자기 점검표

＊ **나의 숙련성은?**(능숙함, 모든 종류의 예술, 과학, 그밖
에 훈련이나 기술적인 능력, 그런 것들을 쉽게 수행하
고 응용하는 능력)

1 ____

____

____

2 ____

____

____

3 ____

____

____

＊ **나의 재능은?**(천부적인 자질, 적성, 천재성)

1 ____

2

3

* 나의 강점은?

1

2

3

＊ **나의 약점은?**

———————————————————————————————

———————————————————————————————

———————————————————————————————

———————————————————————————————

＊ **나의 열정은?**(당신이 감정적으로 강력하게 이끌리거나
신나게 할 수 있는 그 무엇)

———————————————————————————————

———————————————————————————————

———————————————————————————————

———————————————————————————————

＊ **내가 가장 편안하게 수행하는 역할은?**(동그라미를 칠 것)

리더　지원자　2인자　방향 제시자　팀원　추종자

＊ **나를 한마디로 규정한다면?**(동그라미를 칠 것)

사업가　　　　　　관리자　　　　　　기술자

＊ **나의 관심은 어디에 있는가?**

* 나의 꿈은 무엇인가?

* 나의 꿈의 필수적인 요소들은?

* 내가 삶에서 균형을 이루고자 하는 것은?

✱ 나의 금전적인 욕구는?

연간 ______________원,　　월간 ______________원

✱ 나의 육체적인 욕구는?

✱ 나의 영적인 욕구는?

✱ 나의 사회적인 욕구는?

* 그밖에 다른 나의 욕구는?

____

____

____

* 그밖에 중요한 것은?

____

____

____

* 내가 예전에 즐겼고 잘 했던 것은?

____

____

____

* 위의 활동들에서 공통점은?

____

____

＊ 내가 생각하는 완벽한 삶은?

＊ 나의 이상적인 직업 / 사업은?

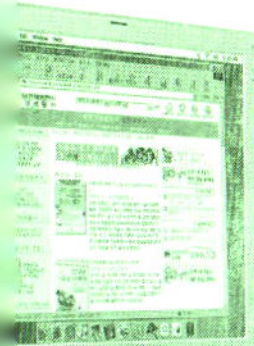

중앙경제평론사
중앙생활사

Joongang Economy Publishing Co./Joongang Life Publishing Co.

중앙경제평론사는 앞서가는 오늘, 보다 나은 내일이라는 신념 아래 설립된 경제 · 경영 전문 출판사로서 성공을 꿈꾸는 직장인, 경영인에게 전문지식과 자기계발의 지혜를 주는 책을 발간하고 있습니다.

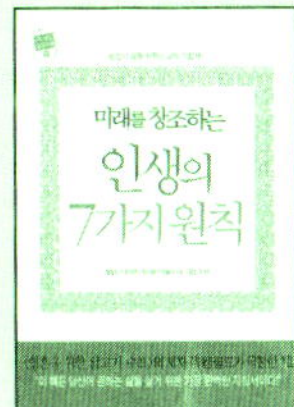

미래를 창조하는 인생의 7가지 원칙

초판 1쇄 인쇄 | 2007년 2월 21일
초판 1쇄 발행 | 2007년 2월 23일

지은이 | 제임스 J. 셈라덱 · 마이클 P. 버틀러
      (James J. Semradek · Michael P. Butler)
옮긴이 | 형선호(Seonho Hyeong)
펴낸이 | 최점옥(Jeomog Choi)
펴낸곳 | 중앙경제평론사(Joongang Economy Publishing Co.)

대　표 | 김용주
편　집 | 한옥수 · 최진호
기　획 | 박기현
디자인 | 박근영 · 유문형
마케팅 | 정창일 · 전지훈
인터넷 | 김회승

잘못된 책은 바꾸어 드립니다.
가격은 표지 뒷면에 있습니다.

ISBN 978-89-88486-47-4(04320)
ISBN 978-89-88486-78-8(세트)
원서 | 7 Principles for Creating Your Future

등록 | 1991년 4월 10일 제2-1153호 주소 | ⑦ 100-430 서울시 중구 흥인동 3-4 우일타운 707 · 708호
전화 | (02)2253-4463(代) 팩스 | (02)2253-7988
홈페이지 | www.japub.co.kr 이메일 | japub@unitel.co.kr | japub21@empal.com
♣ 중앙경제평론사는 중앙생활사와 자매회사입니다.

이 책은 중앙경제평론사가 저작권자와의 계약에 따라 발행한 것이므로 본사의 서면 허락 없이는 어떠한 형태나 수단으로도 이 책의 내용을 이용하지 못합니다.

※ 이 책은 기존 도서인 《당신이 원하는 삶을 살아라》를 제목을 바꿔 새롭게 출간하였습니다.

▶ 홈페이지에서 구입하시면 많은 혜택이 있습니다.

※ 이 도서의 국립중앙도서관 출판시도서목록(CIP)은 e-CIP 홈페이지(www.nl.go.kr/cip.php)에서 이용하실 수 있습니다.(CIP제어번호: CIP2007000320)